版权贸易与中国文学国际传播

——『国际版贸与文学』德国研修班论文集

Rights Trade and the International Communication of Chinese Literature

—Collected Papers of the Advanced Training Program Global Literature & Copyright Management

策划 刘锋

主编 谢山青 刘沁秋

江苏凤凰教育出版社

Phoenix Education Publishing, Ltd

图书在版编目（CIP）数据

版权贸易与中国文学国际传播："国际版贸与文学"德国研修班论文集 / 谢山青等主编. —南京：江苏凤凰教育出版社，2019.10
ISBN 978-7-5499-8342-1

Ⅰ.①版… Ⅱ.①谢… Ⅲ.①版权—国际贸易—文集 ②中国文学—国际交流—文化交流-文集 Ⅳ.①F746.18-53 ②I206-53

中国版本图书馆CIP数据核字（2019）第214994号

书　　名	**版权贸易与中国文学国际传播** ——"国际版贸与文学"德国研修班论文集
策　　划	刘　锋
主　　编	谢山青　刘沁秋
责任编辑	李明非
装帧设计	许　畅
出版发行	江苏凤凰教育出版社（南京市湖南路1号A楼　邮编 210009）
照　　排	南京紫藤制版印务中心
印　　刷	江苏凤凰新华印务集团有限公司（电话 025-68037410）
厂　　址	江苏省南京市新港经济技术开发区尧新大道399号（邮编 210038）
开　　本	718 mm × 1000 mm　1/16
印　　张	16
版　　次	2019年10月第1版 2019年10月第1次印刷
书　　号	ISBN 978 - 7 - 5499 - 8342 - 1
定　　价	48.00元
网店地址	http：//jsfhjycbs. tmall. com
公 众 号	苏教服务（微信号：jsfhjyfw）
邮购电话	025 - 85406265，025 - 85400774，短信 02585420909
盗版举报	025 - 83658579

目录

JETTE
DUDEN

实现一个奇思妙想

王 竞

对一个以内容运作为核心业务的传媒集团来说，它的“产品经理”们——即图书编辑和版权经理对内容的敏锐力、获取力和运作力，都属于公司的核心竞争力。然而，很多中国的出版传媒集团还没有把培养人才的业务能力提上议事日程。是担心人才流失而舍不得投入，还是营业指标压身抽不出时间？各有各的考虑吧。

我的老东家，总部位于南京的凤凰出版传媒集团，却不打这些小算盘。2016年，当时集团国际部的负责人刘锋先生致电我，希望我为凤凰在德国设计一套以文学版权为题的培训方案，与十月份的法兰克福书展无缝衔接，培训时长不超过两周。更多的关键词和提示语他一概不给，只说自己负责在集团的十余家出版单位中筛选业务骨干来参加。以前在国内负责德国图书信息中心的时候，我策划过中国出版人来德国培训，也邀请过国际内容产业的牛人去中国分享经验，但是，我还从来没有遇到过以出版集团为阵容，以高冷的“文学版权”为主题的例子。这真是一个奇思妙想！

中国人的做事原则里，讲究天时地利人和。2016年8月公布的世界出版集团排名中，凤凰名列世界第六，甚至超过了它的国际合作伙伴阿歇特。这一利好消息使得我约到的十几家德国机构都对凤凰的来访充满期待。十月初，15位年轻的凤凰同事到达德国后，一路研修下来，他们认真专注且思维活跃，收获了很多赞誉，比如德意志图书馆的副馆长就口无遮拦地说：这是他遇到的最会提聪明问题的代表团！凤凰的同事们在谦逊的学习的过程中也彰显了凤凰的实力。

培训期间，我们和国际出版商共闻鲍勃·迪伦获得诺贝尔文学奖。消息公布的第二天，德国最知名的文学编辑、费舍尔出版社的国际文学总监汉斯，跟凤凰的同事们聊到他的忧伤：消息公布时，他正坐在办公室里，情不自禁地掏出手机，给妻子发了条短信：鲍勃获诺奖了，我好伤心。妻子回他：你不是很爱鲍勃吗？汉斯回：是爱他，可那时我还年轻啊！我们问汉斯，鲍勃·迪伦获诺奖有哪点不妥？他想了想，合起双手做捧水状："给他诺奖，就相当于把水送进大海。大海需要这点水吗？你想想，如果是一位津巴布韦的作家获了奖，那将是对世界多大的震动，那将带领我们去发现一个全新的文学世界！"听到一位用德文出唐诗和《三国演义》的大编辑这样谈文学，不能不心动而重新思考做文学这件事。

现在来剧透一下"凤凰文学版权研修之旅"的策划思路吧。做好内容产业，我觉得要有大功夫和实功夫。如果没有开阔的视野，就难以制奇创新，视野的培养是项大功夫；如果没有实操技能，就无法完美实施，技能的培训是实功夫。整个的策划案就是部署在这两个端口。

尤其难得的是，凤凰支持我的想法，把培训地点安排在法兰克福及周边。法兰克福是德国出版和文学的重镇，离现代印刷的发源地古腾堡只有一小时车程。这么好的风水，太值得去盘活那里的资源，把一个活生生的"欧美文学生态圈"勾勒给大家。人到了"现场"，就请亲历出版和文学的生成、生存和生长。 比如，行业协会的作用和如何提供法律保护；文学批评系统如何真实地发声，呵护和筛选优质的内容；文学奖的评选规则如何设置才透明公正，谁是操盘手；媒体如何在观点平台和营销工具间站稳脚跟；图书馆、文学馆和书店等硬件条件的组合，怎样使得出版在平行于商业的维度上同时担当精神脊梁的使命。

视野的培养还在遇见那些了不起的人，听他们"口出狂言"。如果在打开视野方面有捷径的话，可能就是这一条，用禅宗的术语，叫一不小心"顿悟"。我们在一家小而美的出版社遇到了大哲学家哈贝马斯的女儿；在名声显赫的《法兰克福汇报》跟当代大知识分子布拉德豪斯对话；在课堂上，我们听美国传奇出版人理查德·西弗（Richard Seaver）的遗孀讲，她和她丈夫如何顽强地挑战美国文化保守主义，把赛缪尔·贝克特、玛格丽特·杜拉斯和莫言“硬塞”给美国读者。

在实操技能层面，一堂堂how to的培训课程结合工作坊，意在把最细的细节从经验丰富的外国“师傅”们那里拿来。在编辑业务和版权买卖两个专业领域中，除了授课演讲和面对面的解惑答疑，培训团队自身做的反思流程和案例分析也是技能培训的有机组成部分。这样，培训结束时，工具化和模块化的实操总结也生成了。

该策划案的另一个目的，我不敢肯定是否实现了：凤凰的同事们是否还在运用2016年那场法兰克福研修之旅产生的人脉资源？我听说，培训中受邀介绍中国文学海外翻译的莫言德文译者，现在在为凤凰旗下的一家出版社做中国文学的推广……这样的持续合作越多越好。

得以完成“2016凤凰法兰克福文学版权研修之旅”，我要真挚地感谢研修团的15位参与者，他们就是读者在下面将读到的每篇论文的作者。同时，我还要特别感谢刘锋先生的信任之托、刘沁秋女士的缜密组织和谢山青女士的口译相助。最后，对两位法兰克福书展前同事范德仁（Michael Fenderl）和福思（Tobias Voss）的大力协助，一并致谢。

汉堡，2018年 6月28日

王竞，媒体工作者。旅欧多年，长期从事中西文化项目顾问工作。

是什么造就了德国书业茂盛生态?

译林出版社　谢山青

德国是世界公认的出版大国，2015年德国的图书销售额高达100亿美元。德国有3000多家出版社，年出版新书9万余种，平均每万人11.5种。在全世界每年出版的图书总量中，德文书籍的占比高达12%，而德国人口仅占全球人口的1.2%。

德国对于图书出版极其重视，从各种层面对业态的良性发展和正向循环进行保护，取得明显成效的做法有如下四种。

国家立法的保护。在德国这样一个崇尚市场自由化的国家，图书却作为一种特殊商品，享受定价保护：出版社制定价格，任何一级渠道商都必须按定价销售，不得打折。无论是亚马逊等网店、连锁大书店还是房租较低的小书店，价格都是完全一致的。

该制度始于1888年，开始是出版业形成的行规，大家都默契遵守，后来由于加入欧盟等原因，为确保其效力，2002年德国确立了《限定图书价格法》。2015年开始该法案同样适用于电子书，德国电子书价格普遍高于英美，平均价格比平装书仅便宜20%。该项法律保护了销售商有合理的利润空间，避免了恶性竞争和价格战。网上渠道，比如亚马逊（德国）也必需按照原价销售图书，从而保护了诸多的书店得以生存，同时也避免了电子书对纸质图书的冲击。不同于美国大型连锁书店相继倒闭、独立书店几乎不存的状况，德国的书店遍地都是，欣欣向荣，成为全世界人均书店密度最高的国家。

行业协会的促进。德国有独一无二的德国书商及出版商协会，全球第一大书展——法兰克福书展就是由该协会举办的。该机构是非常强大的院外游说集团，充分参政议政，不仅和德国联邦政府，还与欧盟协商书价、著作权、法律法规等，最大限度地保障书商和出版商利益，促进行业发展。德国书商及出版商协会成立的历史背景主要在于保护著作权以及维护市场秩序，这两点至今仍是其核心任务。此外，协会还为出版行业提供各类咨询、法律和经营上的服务，以及代表会员与政府以及其他行业协会谈判。

除此之外，协会还以整体的力量，推进了多项促进全民阅读的工作，如国际图书节、地方图书节、全国性的图书文化宣传等。协会的阅读推广从娃娃抓起，举行的小学生阅读大赛每年有60万人参加。协会中还分各种兴趣工作组，比如古旧书小组、虚构小组、非虚构小组等。还有小而独立的出版社小组、人文社科图书馆小组、著作权小组、德语区青少年出版联盟等，分工有序，成效颇丰。

协会还会设立诸多出版业的奖项，如著名的德国书业和平奖、德国图书奖等。这些奖项都在市政厅、教堂等庄严的地点颁布，会有很多人参与并关注。为了保持整个行业的发展，协会还以保障生存、促进读书、市场研究、培训与再培训为题举办了各种特别活动，提高会员的业务能力和业务水平。

社会团体的支持。如果说政府的立法保护是根基，协会的大力促进是主干，那么社会上各种其他机构的支持和补贴就是源源不断地在给出版业浇水施肥。

德国各行业、各大企业都对图书出版大力支持。《明镜周刊》《法兰克福汇报》等都有专门的书评版，德国电视台还有专门的读书节目“文学四重奏”，这些都使得图书的信息可以经常传递到大众，引导大众产生买书愿望。

仅仅就文学出版而言，德国就有各种机构设立的352个奖项，童书的推广更是有大量的民间组织甚至个人在专门进行，全社会都在关心、热衷于图书阅读。比如说著名的柏林文学研究会，常年为作家提供奖金和资助，奖金大概是2万~3万欧元。该研究会还会组织巡回的朗诵会，通常会有50场的朗诵会，每场会给作家500欧元。该研究会还有一种特别的推动方式，就是在法兰克福、克隆、汉堡等地设立文学馆。文学馆的功能类似于国内的会馆，作家可以在会馆里聚会、辩论，会馆里提供住宿，让作者可以在那里工作、写作和交流。

兼收并蓄的心态。德国图书业的欣欣向荣、蓬勃发展还得益于整个社会兼收并蓄的包容心态。2015年德国出版新书76547种，其中有高达12%是从其他国家翻译引进到德国的，计9454种，引进版图书中数量最多的为英语（60%），第二位为法语（10%），第三位日语（7%）。而在美国，每年出版的新书品种中，只有3%是引进翻译的图书。德国最具权威的《明镜周刊》的畅销书排行榜中，有60%都是翻译作品，由此可见翻译作品是德国文化，也是德国出版业的重要支柱。

德国有诸多专门致力于推动国际作者进入德国传播的措施。比如德国翻译家协会，该机构通过募集公众的资助，资助那些把其他国家的出版物翻译成德语的翻译者。该协会有1000多名会员，每年提供40万欧元翻译资助，设立了100个翻译奖项。

德国出版业兴旺的原因，固然有其全民教育程度较高、阅读传统深厚的缘故，也有如上所归纳的这些有益做法，从国家、行业协会和社会等方面给图书出版业提供了非同寻常的支撑，从而使得图书出版繁茂发展、基业长青，始终处于良性循环之中。

Börsenverein des
Deutschen Buchhandels
FRANKFURTER
BUCHMESSE
mvb

“走出去”图书国际品牌塑造的核心环节

江苏凤凰少年儿童出版社　吴小红

在研修期间，访问了德国西部广播电台媒体公司、德国国家图书馆、Dumont出版社、费舍尔出版社、《法兰克福汇报》、德国出版商和书商协会；聆听了法兰克福书展副总裁、德国儿童与出版联盟负责人、德国书商杂志、德国文学杂志主编的关于文学走出去的专题讲座16场。学习结束后，参加了法兰克福书展。通过学习和参展，收获很大。

结合这次学习，根据我10多年的版权从业经验，以图书为例，谈谈“走出去”图书国际品牌塑造的途径。

一、专业版权经理人是图书走出去品牌塑造的重要环节

从中国新闻出版研究院发布的“中国版权产业经济贡献调研成果”看出，我国的版权产业对国民经济的贡献一直保持平稳增长。按照国家惯例，一个产业占国内生产总值（GDP）的5%以上就可以称为国民经济支持产业，而仅2012年，我国版权产业的行业增加值就已经占全国GDP的6.87%。

去年，国家职业分类大典修订工作委员会审议并颁布了2015版《中华人民共和国职业分类大典》，版权专业人员职业被正式纳入《职业分类大典》，并明确将其定义为：从事版权登记、交易、代理、咨询服务的专业人员。

事实上，版权工作在图书产业中发挥着越来越重要的作用。好莱坞电影公司米高梅破产清算，007系列版权占据了公司价值评估的大部分。版权是出版社的家底，是核心，维护好版权才能保障出版社长久生存。

专业的版权经理人是维护版权的核心。一般来说，在图书国际品牌塑造过程中，版权经理在早先建立一个日常运行的管理机制下，可以熟练地

进行版权的维护和推广。这种管理机制通常包括：对产品的高度熟悉，草拟合同，对外交流能力，样书审读、合同登记、项目结算、样书交流、后期宣传维护等。在此基础上，除了纸质版权的推广之外，还会涉及电子产品、音像等多领域的合作。

我们访问德国西部广播电台媒体公司的版权部。版权负责人Wartz女士介绍他们主要的工作范畴，包括品牌运作、电子产品、设计、跨界沟通、购买版权、销售、运营、内容生产国际销售等。其中举在德国家喻户晓的"小老鼠"形象的电视产品为例，该电视节目主要是通过小老鼠的形象传递儿童需要了解的一些知识。她们版权部根据形象的特点，除了针对不同出版社授权图书版权，还根据不同领域合作伙伴的要求，授权衍生产品，如：文具、居家用品、饰品、个人卫生、食品维护等。所有工作由版权部一个人负责前期与授权单位对接，落实后，营销部门再跟进宣传推广。通过版权经理人对这个形象的再包装和运作，这个形象已经成功地发展了20年。

著名图书和电影版权双栖经理 Jutta Wieland 女士讲版权工作中的各项实操技能中介绍到，作为一家独立出版社的版权部负责人，她主要负责图书和电影版权业务。她举例说明了一本富有争议的图书《希特勒回来了》是如何先后销售41个国家版权，甚至包括以色列。在图书版权成功销售之后，如何克服德国的政治压力、图书文本的翻译问题，如何寻找合适的制片人，最终成功授权电影版权，成为德国最成功的电影。2015年上映时，德国有250万人观看了这部电影，DVD出版后，图书又做了新的版本，电影版同时也卖出了十个语种的版权。在跨界授权的过程中，Jutta 有效地运用版权授权专业知识，成功地打造出国际版权品牌。

听了德国版权经理人的例子，我联想到苏少社的曹文轩作品《青铜葵花》，2009年出版的时候，很少有人关注他的海外授权。当时国内的出版同仁热衷引进国外儿童文学，对中国儿童文学走出去抱怀疑的态度。甚至有人认为，中国的文学太落后，国外不会喜欢。作为版权经理，读了这本图书后，觉得其中关于贫困家庭中的农民，在自己温饱勉强保证的情况下，还能毅然决然地接纳一个需要帮助的外来孩子，并把家里唯一上学的机会给了她。这种无私的爱，相信无论在哪个国家都应该会产生敬意和共鸣。后来无论在国际书展上还是有外国出版社访问，版权经理都会积极推荐这部作品，鼓励对中国文化感兴趣的人读这本书。通过努力，截止到2016年这本图书先后授权了法语、德语、意大利语、韩语、英语、斯洛文尼亚语等7国版权，英文版还获得了英国的笔会奖。2016年，该书作者曹文轩先生获得了国际安徒生奖。曹先生多次诚恳地表达，苏少社这些版本的输出为他的获奖发挥了非常重要的作用。

二、好的翻译是国际品牌塑造的重要保障

《希特勒回来了》成功销售版权的另一个因素是翻译。希特勒是所有人都知道的人物。然而，难点是这本书是关于幽默的，幽默是一个在全世界文化背景中相当不同的东西，也是最难传递的东西。而且这本书中有很多语言游戏，很难翻译。因此样章的翻译需要能力很强的英语翻译，为此版权经理与翻译坐在一起，讨论包括人名在内的翻译细节，比如有的人名在德语中有特别的含义，但翻译成英文只是一个符号，因此需要根据英国读者能理解的意思去表达。

翻译莫言作品的白嘉琳，在介绍自己学习中文的经过时，谈到她很幸运，读大学的时候先学习传统的中国文化经典。在还不会说“你好”“谢谢”之前，就首先学习了《论语》《道德经》和《诗经》。从传统经典作品开始学习外语，一个很大的好处就是能真正深入这门语言的精髓，从此对这门语言和这门语言的发展过程产生更深的兴趣，能成为真正的语言学家。这对翻译工作也很重要，因为翻译时需要不断地去分析文本，分析文本的内容，分析文本为什么这么写，为什么这么翻，能学会用另一种语言来思考。后来她做当代中国文学的翻译时，就觉得当时学习的中文经典非

常有帮助，因为当代作家也常常引用古代经典，莫言的小说中可能有一半内容都是这样。如果不懂传统文学，不懂《三国》或《水浒》，不懂成语，就无法理解他的作品。

翻译的过程中还要做很多编辑的工作，因为中文的写作习惯、阅读习惯跟德语不同。德语是很精确的语言，结构性很强，而中文的内涵非常丰富，有很多种解释，比如书中的成语，很难找到一个最准确对应的德语词汇，颇费思量。白嘉琳说她的翻译会在自己理解的基础上进行。首先去理解原作者的意思，再努力寻找德国读者能接受的说法，最后的呈现方式可能跟原文有所差别。比如说书中的笑话，可能德国读者完全不觉得好笑，翻译就需要自己想一个类似的笑话，达到同样的效果，但同时也要符合原作的风格和背景，这里面有翻译的二次创作，把一种文化传达给另一种文化的读者。另外，中文书中有很多引用，需要查询很多资料，核实典故、人名、史实。

正是因为有了这样的翻译，才能保证原文的精神得到比较完整的表现。德国出版社也非常认可这样的工作。

三、政府在政策上的支持可以促进国际品牌的塑造

德国政府机构有专门机构资助外国文学的翻译，增强德国文学与世界的对话。

德国著名国际文学杂志《Litprom》主编Anita Djafari介绍了一本杂志作为平台，如何发现和营销好的国际文学作品。这家杂志社其实是德国的协会，负责将非德语的文学作品在德国的推广。该组织的资金最主要的来源是德国法兰克福书展。为选出国外的文学作品，该杂志成立专家委员会和设立文学奖，同时通过多年积累，组建了一批国际化的专业翻译。除了给国外翻译作品提供资助外，他们还为作品寻找读者。通过该平台，很多非德语的优秀国外作品、尤其是女性作品获得了重视并且得到认可。例如，2016年 获得布克奖的作品，是一位来自韩国女作家的《素食主义者》。早在作品获奖三四年前，该杂志就开始推广宣传，当时并没有人关注，后来

这本图书上了德国的《明镜周刊》畅销书榜，才慢慢的火起来。今年入选布克奖之后，也入选了明年诺贝尔文学奖的提名。

著名的柏林文学研究会LCB的负责人兼德国翻译家协会主席Juergen Becker先生介绍德国翻译家协会是1997年成立，主要工作是资助把各国的文学作品翻译成德文。资金的来源主要是通过公众资助。为什么要资助外国文学？他们认为，这些国外的视角和观点是对德国文化的重要补充，为德国打开世界文学的窗口，提供更全面的文学世界。目前翻译家协会有成员1000人左右。翻译家协会就是要为翻译家提供和出版社谈判的平台，为翻译家争取更多的权利；另一方面翻译家协会也提供资金和培训给翻译家们。

在这点上，中国的对外推广翻译资助在中国图书“走出去”方面也起到非常好的作用。近几年苏少社曹文轩系列等图书先后获得翻译资助，为图书在海外的顺利出版提供了支持，使输出版权的图书得以顺利出版，并获得读者好评。比如，《青铜葵花》在意大利版出版后，不到一年时间实现3000多册的销售业绩。

四、 媒体、评论人、出版社对作品的宣传，提升国际品牌的质量

德国媒体对外国文学以其独立的宣传方式，促进德国文学的繁荣。10月11号，我们访问《法兰克福汇报》，总编辑介绍这份报纸的办刊理念和历史。这份报纸在1948年二战结束后开始创建，是德国最大的自由派报纸。通过订阅的方式在德国全国发行。该报最大的特点是不属于任何政府机构，评论内容全部来自报纸评论人自己的观点，不受出版社和其他社会舆论的影响。该报是德国发行量最大的报纸之一，同时该报也在德国所有的严肃报纸中拥有最高的国外知名度。

2015年，苏少社《青铜葵花》德文版出版后，《法兰克福汇报》在题为《萤火虫和磷火》的长篇报道中，除了对作品背景和情节进行了详细描述外，还重点对作品倡导的人与人之间的爱，人与宇宙的相依和谐，以及

回归本源和自然的呼喊表示高度赞赏。该报道认为，曹文轩以充满魔力的文字和略带忧伤的隐喻，完美再现文明最终战胜虚妄的过程，并以他的作品，在文学世界里捍卫着文字之美，而葵花作为该部作品的核心意象的意义，远远高于葵花对于梵·高的意义。

这次访问《法兰克福汇报》时，会上当问到为什么会宣传德国还不知名的中国儿童文学作家的作品时，主编回答，《法兰克福汇报》有个重要的板块，就是针对青少年的，通过报纸，他们希望培养未来的德国思想文化精英，所以会有针对青少年文学的评论，因为引导孩子读到优秀的作品非常重要。由此可见曹文轩获得安徒生奖，不仅仅对中国儿童很重要，而且对全世界很有影响。

在此，我补充一点，2012年，在北京国际图书博览会上，有幸结识德国龙家出版社的社长，当时她还在为出版什么样的图书发愁。后来我们通过多次沟通，她决定购买《青铜葵花》德文版。作为社长，她这样评价这本图书："这是一本充满魔力和诗意的图书！戏剧性的命运使小女孩重新来到一个新的家庭，感人的故事情节从图书的第一页开始就牢牢抓住了读者的心。阅读的过程中，我们了解了很多关于60年代中国农村的生活，那是一个独特的迷人世界！在这个故事中，读者可以感受到值得信赖的家庭纽带、友谊、诚实和忠诚的价值观。在这个忙碌嘈杂、物欲横流的世界，这本书让人们反思自己的生活方式。"这为《青铜葵花》国际品牌的塑造打下了基础。

五、作者参加图书朗读活动，在国际品牌的推广上有非常重要的作用

德国S.Fischer出版社主编介绍他们出版的儿童图书。对于文学出版，出版社持有这样一个理念，即应当全面覆盖市场，为从儿童到老年人范围内的各类阅读人群提供各种产品。在图书市场中，成为拥有全产品线的供应商十分重要，因为只有这样，客户在见到出版社的销售代表时才会意识到，这家出版社可以提供各类书籍。这是S.Fischer出版社在过去十多年里最重要的实践，并且确立了自己在行业中的领先地位（德国排名前五）。作

为一家规模较小的出版社，S.Fischer出版社在法兰克福和柏林两地仅拥有200多名员工，行业排名却能达到第2、3位。

当介绍到童书出版时，他举例说了一位他很喜欢的作者写的关于Millie的故事系列。Millie从德国到巴黎、瑞士等地到处旅行，每本书都是她到某个地方的游记，相当于给小女孩写的旅游指南。在他的孩子还小的时候，就读Millie的书作为她们的睡前故事，或是假日旅行的前奏。德国的童书作家都是很好的朗读者，他们在学校和幼儿园朗读故事给孩子们听。这位作者就带着她的书做了上百场朗读活动。所以这本图书从出版到现在一直畅销15年。翻译家白嘉琳介绍麦家的《解密》，在德国被翻译成《荣先生的奇异天才》，这本书在德国卖得并不好，但是中西文化项目顾问、翻译王竞女士今年陪麦家在德国进行了读书活动，读者很热情，每次读书会都能卖50多本，读了这本书的人都很喜欢。分享的过程，让图书内容更深入人心，从而获得比同类图书较好的市场表现力。

综上所述，在拥有好作品的前提下，版权经理人、翻译、媒体、出版人以及作者的朗读宣传在塑造“走出去”图书国际品牌的方面起了非常重要的作用。如何使这些环节有效地关联起来，并在国际品牌的塑造中发挥作用，不是一蹴而就的事情。但我相信，只要不断积累资源，锤炼业务技能，开拓国际视野，在平常琐碎的工作中不断总结，“走出去”图书的国际品牌塑造就不会是梦。

Cabinet

依托新媒介推动科技类图书“走出去”的可行性浅探

江苏凤凰科技出版社　邓海云

一、什么是数字出版+按需出版模式

数字出版+按需出版是一种全新的出版经营模式，是建立在数字式信息远距离传输和数字式信息高密度存储的基础上，用计算机将数字化图书直接印制成印刷文本的技术。它通过先进的数据处理技术、数字印刷和网络系统，将出版信息全部存储在计算机系统中，需要时直接印刷成书，省去制版等中间环节，真正做到一册起印，即需即印。它突破了传统模式的印数限制，印量较少时，制作成本比传统印刷大大降低；数字印刷系统自动化程度高，也节省大量的人工费用。数字出版+按需出版具有不受数量时间地点限制、零库存、满足个性化需求、无成本分摊等特点。数字出版+按需出版模式，对于阅读人群少、印量少、成本高的科技专业类图书，无疑是特别适合的出版形式。

二、欧美按需出版概况

按需出版的概念一般是指两类业务。

一类是图书的按需印刷（Printing on Demand）和发行。从事这类业务的公司通常具有一定规模。如国际知名出版集团贝塔斯曼（Bertelsmann）所属的Offset PaperBack Mfrs Offset公司、美国最大的发行商英格拉姆（Ingram）所属的Lightning Source（LSI）公司、美国数字印刷商Vestcom公司等。其主要特点是：服务对象是出版商和发行商，实现图书先订购，后制作。

另一类是指按需出版（Publishing on Demand），也称自助出版（Self

Publishing）。网络技术的发展和数字印刷技术的日臻成熟，使欧美的出版服务公司蓬勃发展，目前已有几百家。这些公司从业人员多来自出版社、印刷及设计机构。采用这种方式出版图书的品种较多，目前尚无较一致的统计。这类公司的服务对象主要是作者，收入主要来自作者，来自市场销售的收入大约占总收入的20%～30%左右。

按需印刷的图书占欧美图书印数总量的1%左右，但是按需出版图书的品种和销售额所占比例远远高于此比例，按需出版图书总量在以每年14%的速度增长。

目前，按需出版作为出版业新兴的一种出版技术和商业运营方式，已经成为对出版业影响最大的技术和商业模式之一。在欧美，按需出版从1997年左右开始摸索，到2005年开始进入大规模发展阶段，目前已经成为一个十分重要和广受关注的领域。

在欧美按需出版中，一些大型出版、发行、印刷、包装集团和IT技术企业纷纷从不同角度介入，并成为其中代表性企业。在这一过程中，出现了十多家有一定影响和代表性的按需出版公司，并形成了几大代表性的按需出版的商业模式。

在这些代表性企业中，包括美国的大众读物出版公司兰登书屋成立的Xlibris和贝塔斯曼成立的Offset，图书批发商Ingram成立的Lightning Source，美国最大的网上书店Amazon收购成立的BookSurge，独立的网络自助出版按需出版商Lulu公司等。到目前，Lightning Source每月印刷发行图书100万册，公司在美国和英国建有10万平米的厂房，拥有员工500多名，公司正计划向亚洲、澳洲进一步拓展业务。此外，Xlibris和Lulu.com公司每年按需出版的图书品种都达到几千上万种之多。

欧美各大按需出版企业的商业模式运营理念各不完全相同，定位有异，但都以按需印刷技术为核心，从而得以共同发展，共同促进了按需出版的迅猛发展，并在实践中逐步产生了按需出版的一些基本理论，如长尾理论，出版与阅读的互动化、写作与阅读的个性化、作者与读者融合的数字出版2.0理论，以及作者自助出版商业模式、绝版书POD再版商业模式、新书按需出版模式等。按需出版与电子书阅读器、数据库出版一起，共同构成数字出版业的三大支柱。

三、中国按需出版概况

目前，按需印刷在中国主要是针对短版图书，充其量只能算作是短版印刷，并没有达到按需出版的高度。中国标准出版社、知识产权出版社、商务印书馆、人民时空网等都从事此类出版业务。

中国标准出版社1995年投资了1000多万元引进一台由美国方氏兄弟代理的CTP和两台施乐5390快速印刷装订系统。同时，还引进了海德堡印刷机和桌面出版系统，并于1996年成立了彩印中心。但实际上它是一个高速复印机，功能上有很大的局限性，效率很低，工艺水平也达不到用户的要求。 2003年7月进行了新的技术改造，引进了第一套日立DDS92数字印刷机。该设备每秒种印量达92页，能够完成64页以内的订、折、切一体化工作。此后两年时间里，出版社又陆续购买了两套同样的设备。

新设备和新技术的投入彻底解决了标准出版社以往存在的库存庞大和查找麻烦的问题，按需印刷的业务也由此蓬勃开展起来。

2009年，中国标准出版社又引进了三套理光2075数字印刷装订设备，已于8月1日全部投入使用。2004年5月18日，出版社注册成立“标图科技（北京）有限公司”，出版社持有该公司51%的股份。2005年的加工收入达200余万元，利润70多万元。

知识产权出版社是国内第一家引进数码印刷设备并率先试行按需出版的企业。从2002年至今，知识产权出版社先后引进富士施乐数码印刷机DocuTech6135、DocuColor2060、iGen3等多台设备，不断创新按需印刷的应用，如专利文献汇编、彩色专利证书打印、古籍书和绝版图书的复制等。

商务印书馆的按需印刷主要为通过OCR系统将出版物数字化，而后期的印刷环节采用的是外包形式，主要与知识产权出版社合作。商务印书馆按需印刷项目主要是针对该社解放前出版的图书，以后会逐渐延伸到短版书、断版书以及其他出版社的图书。商务印书馆按需印刷并不是仅仅针对馆内的资源，而是针对市场的需求，其销售对象是以图书馆为代表的机构和个人。

但是，从总体上看，中国的按需出版目前尚处于起步阶段，对按需出版的运营理念尤其是商业模式的理解都还肤浅，对按需出版的精髓缺乏深入的认识，对按需出版基本上单纯理解为按需印刷机械设备、少量印刷、短版印刷这一浅层次认识上。

在推动中国图书“走出去”战略中，利用按需出版模式，将可以突破中国图书走出去难的瓶颈，建立一种批量推广、定量推出的新模式。

四、中国图书“走出去”现状

“走出去”是我国出版业国际化发展战略的一个重要目标，是将中华文化推向海外，扩大中国文化软实力的重要举措。我国出版业和出版人多年来面对引进图书数量大大超过输出数量的现实。近年来，随着中国综合国力的增强，对外开放程度的加大，文化建设的发展，让中国出版物“走出去”的呼声日益强烈，国家和有关部门采取多种措施，鼓励出版单位下大气力狠抓出口，扩大我国出版物在国际市场上的份额和影响，尽快改变我国出版物版权贸易严重逆差的局面，促使整个出版界形成了良好的“走出去”氛围。

在政府的大力扶持下，以提升专业性，扩大商业性和实效性为原则，建立了多元化的“走出去”进入国际出版市场的运营模式和效益模式。出版社也各显神通，以成品书出口、版权出口、合作出口、书稿出口、共版出口、贴牌出口等方式，扩大与国外出版商、发行商合作的空间，使过去相对边缘化的输出图书得到较大幅度的增长，形成了规模，逐步发展成社会效益和经济效益的新增长点。但是，逆差的减小，仍然无法否认中国图书在西方社会依旧未进入主流文化，在欧美市场的影响力还不够这一事实。

目前，中国出版业“走出去”，主要有两种方式，一是以成书的形式通过图书进出口公司直接在国外发行，二是以版权贸易的形式授权国外出版社翻译成外文版销售发行。

从目前欧美市场看，中文图书尚且无法通过主流图书发行渠道进行发行，因此，以成书出口形式在欧美销售的中国大陆图书数量不多，美国华人及想阅读中文图书的读者很难及时找到中文版图书，甚至不知道到哪里能买到中文版图书。中文图书出版如此繁荣的今天，海外华人与中国文化发展的脱节现象却很严重。

另外，以版权贸易的形式授权出版英文版中国图书，数量少，内容局限，印量小。因为文化差异、翻译困难，以及欧美出版社对中国图书市场不了解，对中国文化不了解等原因，英文、德文版版权输出量并不乐观。

我们发现，欧美市场对中国的图书需求量其实并不小。欧美有近千万华人，很多地方已经在中小学将中文列为第二外语，开设中文语言课，越来越多的欧美人学习中文，希望了解中华文化和阅读中文图书。

从调研看，在欧美市场合适的中国主题图书，从儿童教育、保健养生、中医中药、中国传统文化，到现代小说，都有读者需求。但是，由于中国出版社自己出版的无论是中文版还是英文版图书，却不能全面进入欧美的主流发行渠道，往往因销量小、成本高而放弃出版。其中原因之一，是传统的图书出口与版权贸易模式，无法适应欧美市场。

目前，大家在对图书版权贸易逆差原因的分析中，常常提到的原因有：产业集中度低制约出版业国际传播能力提高；外语和经营人才缺乏直接制约“走出去”；中国出版代理人机制的“悬空”；忽视实体“走出去”制约海外影响力的产生；中西方巨大文化差异局限我国版权输出对象；自身实力薄弱，竞争力不强等。

五、中国图书海外出版发行新模式的设想

在调研中，我们发现，中国图书要想成功地“走出去”，必须使图书出版和发行本土化，进入欧美在版书目图书数据库，进而更好地进入欧美的主流发行渠道，并在各大图书连锁店销售。经过探索，我们发现由于新技术的发展，我们可以借用新媒介形式，将中国图书更好地成批量地输入到欧美市场。从而建立起一种新的中国图书海外发行新模式。

这一新模式运作思路如下：

1. 操作模式

中国出版社与一家欧美出版公司建立长期的合作伙伴关系，通过欧美出版公司获得海外出版社的书号和图书条码，由两家出版社共同署名，以数字出版+按需出版模式在欧美出版中文版和英文版中国图书。其中中文版图书，提供英文书名和目录；中英文对照版和纯英文版图书，可直接出版。通过欧美的出版公司的发行渠道，进入欧美的图书批发商图书印刷发行数据库，并通过他们的发行渠道，进入网络销售平台，以及各大图书连锁店和图书馆销售系统。

2. 短期成效

通过数字出版+按需出版方式，输出图书，并使中国的图书首先进入网络销售平台，进入欧美的主流发行渠道，再进一步实现按需出版。发行利润由中外出版社双方平分。

这一操作方式由于借用新媒介、按需出版等新技术，单位图书资金投入小，可以做到批量输出，同时输出的图书可以直接进入欧美主流图书发行渠道，从而最大程度地实现销售。

3. 长期前景

与欧美出版社形成稳定长期的合作模式，逐渐形成批量销售，以本土

化的图书覆盖全球发行网络，以真正实现中国图书“走出去”的夙愿。

这一“走出去”新模式的价值在于，我们可以直接参与海外出版，可控性强，同时可以一次性输出较大数量的图书版权。同时如果发行达到一定的规模，我们即可直接获得海外出版收益，比简单版权贸易更具经济效益潜力和规模化经营潜力。一旦这一新模式建立，将为中国图书海外经营探索形成一个全新的运作模式出来。

4. 拓展推广

借助数字出版的模式，打破了世界的时空距离。科技类专业图书，可以批量制作用于海外推广的电子书目，包括中英文的书名、封面、内容简介、作者简介等要素，通过欧美的批发商，进入专业的征订渠道，向海外的图书馆、书店、读者推介，有需求的时候，进行按需印刷、销售，利益分成。该模式实现了图书的批量推广，突破了常规版权贸易推出版权的小数量瓶颈，依托长尾理论，实现科技专业类图书的海外推广。

六、以数字出版模式推广我社图书的操作例证

经过反复研究论证，江苏凤凰科学技术出版社有限公司（以下简称“苏科社”）在对外版权贸易的过程中，探索建立中国图书“走出去”新模式，从而为中国图书“走出去”摸索新的可操作的有效的办法。苏科社紧盯数字出版前沿，不断探索更高效的文化“走出去”方式，以新技术创新海外营销和传播渠道，对图书“走出去”的可行性进行了一些有效的尝试。

1. 项目概况

结合国家创新文化“走出去”模式的战略，苏科社首先将具有传统优势的中医内容资源作为拓展数字出版的切入点。选定《针灸经络穴位挂图（真人版）》这本书作为原素材，改编制作了一款名为《针灸经络穴位》的交互式数字出版应用程序，以介绍中医传统针灸经络穴位和取穴方法为

内容。该应用程序拥有英文、简体中文、繁体中文三种呈现形式，在苹果商城APP Store 销售仅仅半年，以9.99美元的同类程序中较高定价获得累计下载近千次的业绩，我方收益达7000美元，净利润约3000美元，其中60%的购买用户来自欧美地区，下载量约640次，在中国传统文化的海外传播上，获得较好成效。

在首次试水纸质图书内容资源改编APP应用程序获得成功后，我们考虑复制这样一种模式，希冀通过规模化的制作与经营，实现输出量较大幅度的增长。此后，苏科社相继制作开发了《幼儿识字》《吃出聪明智慧》等交互式数字出版应用程序，也同样取得了良好的经济效益和社会效益。目前，中国传统文化类《实用针灸对穴独穴疗法》《中华美食》《西藏旅游》等多款书籍应用程序都已开发，陆续登陆亚马孙、苹果商城等平台售卖，以强化出版社的内容竞争优势。

苏科社选择有多年积累和相对擅长的中国传统文化特色的内容，如中医、针灸、旅游（主要是国内旅游，针对海外出版）等，通过数字加工方式制作成交互式数字出版应用程序，在全球最热门的内容传播平台上销售。目前，这些产品陆续登陆了苹果商城APP Store、Android Market及Amazon kindle销售。为了适合海内外不同的市场需求，我们的每款应用程序都同时提供中、英文以及繁体字版本，以后还将不断开发更多的语言版本。作为成本一次性投入产品，这些数字出版应用程序将在未来获得源源不断的销售与收益。

2. 数字出版创新文化“走出去”的优势

数字时代的新媒体新技术发展日新月异，数字产品将在文化“走出去”尤其是图书对外推广媒介中脱颖而出。苏科社推出的数字“走出去”产品，实现了传统出版与数字出版的良好对接，创新了文化“走出去”模式。借助数字出版的新技术，推动中国文化“走出去”的创新优势在于：

（1）“走出去”模式的创新

数字出版蓬勃发展，中国图书“走出去”也必然要顺应国际趋势，在方式上有所创新。传统出版的“走出去”路径主要是实物图书进出口、图书版权贸易、项目合作出版等。新技术下的数字出版“走出去”模式，无须依托海外出版商的协助，我们制作的英文版本已经实现了远程下载与销售，直接面对海外读者，比实物图书更便捷高效地实现了中国图书“走出去”，也实现了中国文化走出国门，走进国际市场。

（2）优质资源整合的创新

作为一家有40年发展史的大型出版单位，苏科社拥有大量的优质内容资源。内容资源是“走出去”的基础。分析国内外市场需求，选择苏科社的优质内容资源，把优秀的中华文化利用先进的数字出版技术，通过内容整合、转换、会聚、重构，制作成交互式数字出版应用程序，使优质内容资源最大程度得到有效传播和流通。

（3）内容应用方式的创新

数字出版“走出去”是根据内容资源的特色和最终用户的定位、消费特点等，制作适用于相应终端的数字产品。苏科社开发的一系列产品，都具有多媒体功能，不仅支持内容浏览，还支持音频、视频、图片、数据检索的全方位应用，部分还可以手写互动，相比传统的纸质内容，数字产品更为生动、便捷，实现了内容应用方式的创新。

（4）国际销售渠道的创新

版权输出是一项系统工程，以往我们关注的重点在于图书的内容质量，但仅仅提升内容品质并不能保证图书在海外市场的影响和关注度。以新技术创新海外销售和传播渠道，成为版权输出的一大关键问题。数字出版“走出去”模式，打通了国际销售渠道，直接进入国际主流内容传播平台，实现了内容资源的全球发布，从而使中国文化资源直接进入全球市场进行销售，直接进入海外视野。

（5）盈利模式的创新

同传统的图书版权贸易相比，数字出版“走出去”模式尽管需要我们在先期进行翻译、制作投入，但却可以让最后的成品——书籍应用程序直接面对海外读者，盈利效果非常显著。这不但突破了版权输出的壁垒，也使收益率和速度远远大于传统的版权输出。书籍类应用程序相对较低的开发成本，也将使坐拥丰富内容资源的传统出版社在数字出版的国际市场上赢得较高的回报。

3. 体会与认识

通过实践与探索，我们深刻认识到，作为传统出版社，一定要利用自身的优势内容资源，结合最新的呈现方式，不断创新“走出去”模式。

对内，要将内容资源进行整合和重新利用，形成新的产品；对外，与成熟的国际平台合作，在海外进行立体化营销，最终让数字产品带动文化“走出去”，进入海外读者的视野，真正推动中国文化影响力的提升。

在今后的工作中，苏科社将积极利用数字出版方式开发更多优质产品，结合国家创新文化“走出去”模式的战略，让中国文化不仅仅“走出”国门，更要“走进”海外的千家万户。在海外有一定销量，形成一定影响力后，进一步实现与外方出版社的版权输出签约。

附：《针灸经络穴位》在APPstore上的使用模式

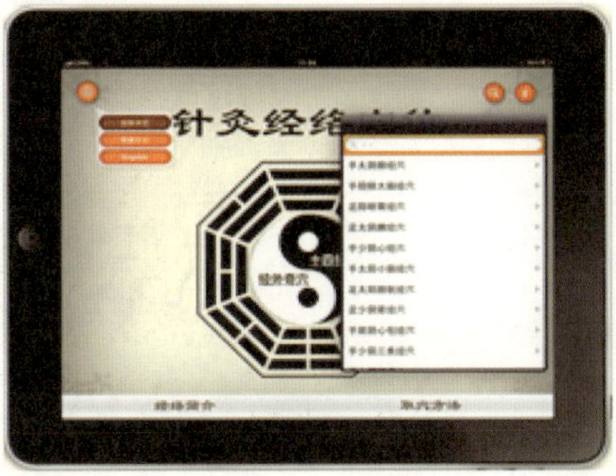

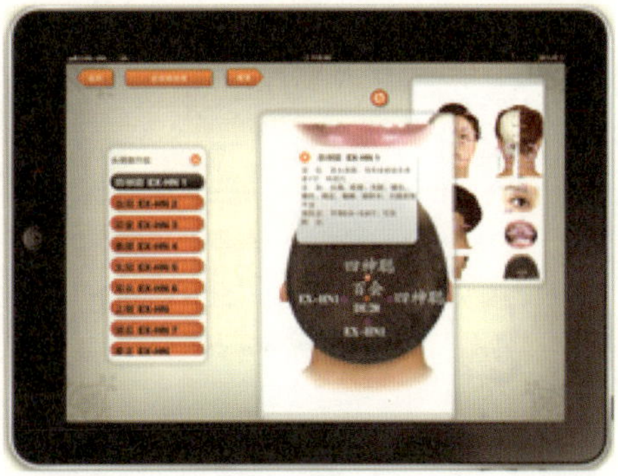

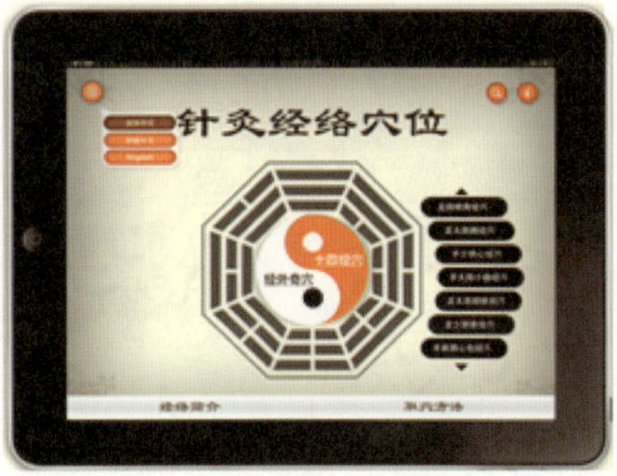

结语：

这一模式的操作尚在工作实践中探索前进，必将遇到许多细节问题，有待进一步完善。无论如何，这一新模式的设想与建立，将为中国图书海外推广探索形成一个全新的运作模式，促进中国图书的“走出去”战略的开展。

16
Haus des
Buches
Börsenverein des
Deutschen Buchhandels
FRANKFURTER
BUCHMESSE
mvb

浅谈全球化背景下译介文学的德国之旅

江苏凤凰文艺出版社　王娱瑶

文学是人类语言发展的奇妙成果。《圣经》的故事提到，人类不安分的祖先们曾齐心建造巴别塔，直到上帝混乱了大家的语言，他们才从塔上无奈退下，各自经营起人间的生活。在漫长的隔阂中，译介小心翼翼地搭建起语言之间的桥梁。译介的力量可能无法再统一人类的口径，但让交流变成可能。语言的流通也促进了文学的全球化。当不同民族的文学作品通过译介呈现给全新的阅读群体，无论是译介作品本身还是本土文学，都会产生有趣的反应与变化。本文尝试以德国文学图书市场为案例，从全球化视角探讨译介文学与本土文学的共生关系。

一、译介文学在文学的全球化中扮演的角色

（一）什么是全球化视角?

全球化是当今世界政治、经济、文化各个领域都不容回避的现象，也是哲学界、评论界特别热衷的研究话题。文学作为文化领域的一个重要层面，随着文化全球化的脚步发展出相应的特征，比如以欧美文学为代表的主流文学与亚非拉文学的界限，以及每年诺贝尔文学奖的归属和引起的争议。当我们阅读和研究现代文学作品时，有很多意象、场景、对话、思考都体现着多元文化的渗透。有学者认为，文化的全球化“必然包括‘世界化’与‘民族化’、‘同质化’与‘异质化’这两个相对而出的过程。而且，这两个过程又是相互作用、交叉影响的。由此推论，文学的全球化也具有两个‘交互性’的方面：一方面是就‘地域的’走向‘世界的’之文化路向而言的，另一方面则是对‘世界的’走向‘民族的’之文化路向来说的”。总体来说，世界各地

的文学在全球化的浪潮中碰撞、交融，产生化学反应。本文将选取德国文学图书市场为观察点，尝试从全球化的视角探讨译介文学与本土文学的相互作用和交叉影响。

（二）译介文学在德国文学史上的重要地位

在德国文学史上，译介文学扮演着十分重要的角色。译介作品可以说是现代德国文学的起源。16世纪初，德意志的一位宗教改革领袖马丁·路德将拉丁文版的《圣经》翻译成了德文。这是德国宗教史上，也是文学史上一个公认的重大事件。“路德的《圣经》翻译是德国乃至欧洲翻译史上的一个里程碑，它不仅统一了德国语言，促进了德国文学的发展，而且为翻译理论和实践做出了贡献。”马丁·路德将赞美诗和圣经翻译成华丽的散文，简洁、率真、富有诗意，这奠定了德语文学的基础，由此德国本土的文学萌芽并发展，逐渐形成自身的传统和特质。

德国文学史上另一个重要的事件——狂飙突进运动中，译介文学同样功不可没。这场振奋人心的文学思潮由德国伟大的文学家歌德、席勒等人引领，他们将莎士比亚介绍到德国，对其作品的文学价值推崇倍至，也为莎翁在英国和世界文学史上的地位做出了极大的贡献。时至今日，德国人对莎士比亚的翻译和研究仍然处于世界领先水平。“18世纪70年代开始的狂飙突进运动是德国文学传统里最激荡人心的一幕，而莎士比亚充当了助推器。……莎士比亚的作品长期伴随在德国人的民族意识里。”歌德等人深受莎士比亚人文思想的影响，他们以丰富的世界文学背景知识和和自身的才华将德国文学带入了极其精彩的一个时代。 歌德的文学观也被认为是“最早具有全球化视域的总体性的文学观”。

由此可见，译介文学对于德国民族文学的起源和成熟起到了关键性的作用。这便是文学的全球化中“世界的”走向“民族的”文化路向。

（三）村上春树作品作为全球化文学的代表在德国取得了巨大的成功

当代德国译介文学的图书市场中，英语和其他欧洲语言的文学作品毫无疑问占据着主体地位，共通的宗教背景和文化价值观使得欧美文学之间的讨论没有根本性的障碍。在这样强势的文化氛围中，陌生的东方译介文学并不容易立足。日本作家村上春树在德国文学图书市场的胜利是一个有趣的案例。同样是东方的诺贝尔文学奖获得者，中国的莫言或是日本的大江健三郎就远远没有村上这样的影响力。日本著名文学教授三浦玲一在论著中提到，村上春树是全球化的文化和文学的代表。她称后者为“创作美国文学的日本作家”，这里的美国文学指的就是“全球通俗文化的文学”，而“全球通俗文化以文学形式表现出来就是全球化的文学”。在文学全球化的发展中，英语的主流地位起到了非常关键的作用。在德国，有很多村上春树的作品都是从英语转译到德国的。且不论这样的转译作品是否经得起推敲，作品本身所传递的信息显然是得到德国市场认可的。从这个层面可以看出，译介文学向读者传递着丰富的内容，包括全球化进程对文化、文学，以及人们的生活所留下的痕迹。

相比之下，作为全球主流文学的代表——美国文学就处于相对尴尬的境地。美国文学一方面获得了绝对的话语权，一方面也面临着被孤立的危机。美国著名出版人Richard Sever曾经将加缪、贝克特、萨特等人的作品引进到美国，为美国译介文学出版做出了很大的贡献。他曾经出版了莫言的八本书，并在早年间就预言了莫言将问鼎诺贝尔奖。2009年Sever去世，他的遗孀，继续经营着他们的出版社。笔者有幸在法兰克福见到了这位传奇的出版人。Sever夫人是法国人，有着法国女人一贯的优雅与精致。她像美国其他小型的出版社一样坚定地经营着她与亡夫的事业，但是这些出版社如今的发展并不顺利。在美国图书市场中，只有3%的译介作品。在Sever夫人看来，“美国已经被孤立了……今天的美国人不爱看书，他们无视外界的文化，也无视外界的文学”。作为一个见证过美国译介文学和本土文学最繁荣时期的老出版人Sever夫人的担忧不无道理。当其他人争相模仿着美国人的英语发音，对美国的电影明星如数家珍时，大部分美国人都可能会陷入一种错觉，对异域文化产生免疫。

二、译介文学对德国本土文学的冲击

（一）当代德国本土文学的困惑

不管各个国家的文学如何起源，与外界的化学反应如何精彩，本土文学都是很大一部分写作者执意坚守的一份情怀，也是文学批评家持续关注的重要领域。在以老派和严谨而闻名的德国，情况更是如此。德语文学被称为“思想者的文学”。德国人以他们富有哲学深度和语言魅力的本土文学而自豪。总体而言，传统的德语文学追求思想深度和思辨元素，以严谨、理性的表达和内心的呈现为读者提供思索空间。然而德语文学偏内敛深沉的风格正在受到越来越多的译介文学作品的挑战。德国作家马克西姆·比勒就曾经激烈抨击当代德国文学的“难以置信的无聊”。许多翻译的文学作品以富有新鲜感的背景、流畅的叙述方式，以及紧凑的情节带给德国读者崭新的阅读体验。2015年，德国出版虚构类新书5847种，其中20%为翻译版图书，大部分为英语图书。而在入选德国权威图书杂志《明镜周刊》的畅销书中，有60%都是翻译作品。图书销量当然不能代表作品的水准，但却直观地反映着受众的阅读趋势。在德国的书店里，我们可以看到醒目的犯罪小说专柜，因为悬疑、犯罪、惊险类的文学作品已经成为了目前德国文学图书市场最大的销售板块，市场占有率约为40%。由此可见，德国的本土文学在全球化流行文学的包围之下已经有一些窘迫。

（二）英语图书对德语图书市场的双重威胁

英语翻译作品在德国本土市场的扩张不容小觑。据2015年的统计数据，德国图书市场上的译介作品60%为英语作品。英美文学以全球化主流语言的优势扩散着它们的影响力，形成了一股代表“全球化”特征的强势力量。“世界文学领域在当代漫无边际的持续扩张，也催生出严肃的问题。打开窗口，眺望世界众多五光十色之处， 这样的情形，不仅令文化保守主义者……感到忧心忡忡，很多偏左的学者也对着整个过程表达了暧昧的态度。这些大胆标新的文本究竟是佐证了文化多元的丰富性，还是被遍及全球的迪斯尼乐园给淹没了？”从语言角度来看，德语和英语同属印度—日耳曼语系，两种语言有着深厚的渊源，德语和古英语表达更是类似。英语写就的作品在德国图书市场的翻译出版效率和市场接受度都很高，加上英美文学更强的可读性，英语译介文学在德国的繁荣便不足为奇了。

除了来自英语世界的译介文学外，英文原著图书构成了对德国图书市场的另一个“威胁”。英语是当下德国非常流行的语言。英文图书在德国书店中占领着重要的一角。许多德国读者看过了英文版的文学作品之后，他们可能就不再会购买同一本书的德文版。这给德国的出版社带来了很多困扰。有的出版社为避免德文版被冷落的命运，力争在作品的英文版面世之前推出德文版。尽管英语与德语渊源深厚，但英美文学与德国文学的基因迥异，无论在写作风格和文学传统上都截然不同。英美文学在德国图书市场的渗透显然正在影响着德国读者，特别是年轻德国读者的阅读品位和倾向，在挑战着传统的德语文学。对于自信的德国文学界来说，这是一个令人担忧的现象——“因为‘全球化’带来的一个必然的后果就是‘同质化’。所以，当代文学作品里的主人公们听着美国的流行乐，看着英国的足球赛，抽着全世界人民都知道的香烟……因此，如何应对全球化带来的‘同质化’可能是德国文学，或者是各国别文学需要考虑的问题。”

（三）德国对本土文学的维护

为了维护本土文学传统，德国出版界设立了大大小小的文学奖项，其中运作最为成功，影响力最大的是德国图书奖。2005年，德国书商和出版商协会设立一年一度的德国图书奖，评选出当年出版的最优秀的德国本土文学作品。这个奖项出现的背景正是德国本土文学的声音日渐微弱，英美引进版文学图书势头强劲的时期。在颁奖的前两个月，一份20本书的长名单被公布，在颁奖前的一个月，一份六本书的短名单被公布。通常在每年法兰克福书展的前夜，德国图书奖的最终获奖名单在美因河畔的法兰克福市政厅揭晓。这样的获奖机制调动起了媒体、书店和读者的巨大热情，使得德国本土作家在较长的时间段得到持续关注。除了获奖作家之外，进入长名单和短名单的作家也会出现在各种文学活动中，他们的作品也会有更多的曝光率。德国图书奖的成功运作让图书再次成为公众讨论的热点话题，也在一定程度上影响和调整着德国译介文学和本土文学的比例。

三、译介文学对德国本土文学的吸引力

（一）德国对非主流译介文学的关注

德国人对本土文学的维护并不旨在打败译介文学，也确实无法扭转译介文学咄咄逼人的态势。图书市场是一块公平的赛场。在这里，译介文学作品因自身的生命力而自由发展，也不断滋养着本土文学。从歌德的时代一直到现在，德国本土文学的繁盛都离不开译介作品所带来的新鲜的文化语境与写作技巧。

在德国，有一家著名的国际文学杂志*Litprom*，专门为译介文学服务。它的核心使命是：和非欧美的文学进行紧密的对话。协会保持着文学态度的独立性，在成立36年以来关注并宣传亚非拉等地区的文学。他们筹集到德国外交部和其他各国政府的资助，选取优秀的外国文学，协助作品的翻译出版。除了对主流文学的冷静态度外，协会更令人称道的是对政治标签的冷静态度。他们并不对“流亡”作家们青睐有加，而是专注于各国本土的文学作品本身。协会主编Anita Djafarii表示，全球化的潮流带来了一些假象，他们的工作旨在去除主流文学对陌生文学的芥蒂，因为通过文学可以学习到陌生的文化，从而给本土文化带来新鲜空气。

（二）德国翻译家协会对译介文学的支持

德国翻译家协会为德国的译介文学提供着强有力的支持。协会主席Juergen Becker说：“译者们将世界各地的体验带到了我们的文化中。”协会每年为译者提供四十万欧元的资助。优秀的译者可以申请到可观的资金，以及进行翻译工作的住所、图书馆，甚至是去世界各地旅行的资助。协会还设立了译者的导师制度，用以培养新一代的翻译家。在这样的环境中，翻译便可以真正成为一项体面而有趣的职业。翻译家协会将优秀的译者们聚集到一起，他们在对翻译技巧的讨论和交流中，对母语的表达方式会更加敏感。德国本土语言便在这种译介的交流中得到了不断的促进。

（三）译介文学对当代德国文学作品的影响

与传统的德意志精神相呼应，德语文学的气质高傲而刻板，讲究对语言文

字的精巧运用，挑战读者的脑力，让阅读成为一场并不轻松的思维互动。在全球化文学的浪潮中，德国本土文学也得到了持续的滋养。“一千年来培育着德语的，首先是僧侣，然后是骑士，是汉斯·萨克斯、塞巴斯蒂安·布兰特等手工业者；到接近宗教改革时期又是另一些人；最近则是那些饱学之士，他们使德语能够到达思想的一切精微奥妙之处。看一看德国文学作品，就可以按作者各自的禀赋，发现各种文化的痕迹，犹如在山里可以发现地球运转所形成的各种矿层。”在现在的德国文学界，老一辈的文学精英仍然会坚持原汁原味的、富有哲学精神和内心反省的传统德语文学，但新鲜的写作方式和阅读品位也在潜移默化地进入当代德国读者的视野，引起文学界的思考和争论。德国知名出版社的文学图书编辑们已经开始寻找擅长描写情节的作家，德国的书店内最富情节化的犯罪小说格外显眼。

译介文学也为德国本土文学带来了灵感。来自美国的后现代主义思潮就促进了当代德国流行文学的发展：“以流行文化为背景，秉承后现代主义追求平等、民主、自由的理念，运用多元化、反传统的写作手法，表达了一种在物质经济极度发达的社会中的莫名失落和困惑迷茫；在玩世不恭，看似没有条理甚至矛盾重重的语句背后，更体现着对古典语言传统僵化模式进行的批评和讽刺。”“其以简练的语言、幽默的文风和大众耳熟能详的话题吸引着众多普通人去阅读，讨论。”德国人对古老的东方文化也颇为青睐。在德国，汉学家们最推崇的是中国古典文学。学习中文的译者也会从《诗经》《论语》开始接触中国文化。“德国的中国文学译介与研究为中德文化交流打开了方便之门，中国文学因此得以在德国广为传播并产生深远影响。许多德国文人被中国文化深深吸引，并在中国文学的影响下创作出与中国相关的优秀作品。”

结语：

本文通过对德国文学史的简单梳理，以及对当下德国文学图书市场的初步调研，运用全球化文学的理论分析译介文学和德国本土文学的渊源与现状，讨论了译介文学与本土文学的共生关系，以及这种关系的功能，即对抗全球化带来的单一性，同时促进全球文化的奇妙融合。

从古腾堡到ART+
浅谈媒介变革过程中文学艺术性传承所面临的诸多问题

江苏凤凰天舟　朱　涛

引言

1454年德国美因茨人古腾堡采用活字印刷术印制了最著名的同名古版书《古腾堡圣经》，这标志着西方图书批量生产和传播的开始。古腾堡并不是凭空发明了活字印刷术。一方面，在发明活字印刷之前，他在斯特拉斯堡做金匠，生产镜子，这些经验为他研究出活字铸造法提供了帮助。另一方面，美因茨是德国莱茵葡萄酒之乡，这里用于压榨葡萄的螺旋压机在经过古腾堡的改造后，成为了最早的活字印刷机。当然，古腾堡在发明活字印刷的时候并不一定意识到这是一件划时代的事情，但他当时站在了技术与人文的交叉路口上，并为人类文明打开了新时代的大门。

今年世界最大的书展——法兰克福书展上开辟了一个特殊的板块：ART+。这是一个用于展示新技术、多媒体，以及探究内容与媒介新形式的平台。书展主办方希望它能让来自世界各地的出版人带着他们的内容去思考与技术的结合。这看起来很像是在寻找技术与人文的下一个交叉路口。我们来观察和分析从古腾堡发明活字印刷后的数次媒介革命，以及当下的新技术，或许可以发现一些我们作为出版工作者值得思考、值得去做的事情。

一、媒介的变迁与趋势

（一）媒介的变迁

在古腾堡发明活字印刷之前，除少量整版印刷的图书外，大多数的书籍以手抄本为主，图书的制造数量缓慢，文化的保存与传承被限制在十分狭小的范围内。这并不是说在古腾堡之前除了掌控文化的精英以外，普通民众就不进行知识与文化的传承，而是说由于手抄本的抄写周期太长，文化保存、复制和传播速度非常有限。大量的文化依然需要通过语言来进行交流、传承。可以想见，这样的信息传递方式存在诸多限制。

首先，语言作为内容传播工具，在当时无法突破地域和时间的维度。比如教会传播福音，只有当时且有限范围内的人可以及时听到。第二，语言作为依赖听觉的传播工具本身无法对内容进行保存，而需要由人加以理解并在脑中保存为抽象的记忆。由于人可以记住的内容量有限，不能像当今的各种存储介质一样存储海量内容，且人的记忆有时效性，时间越长与原始内容的偏差越大。第三，每个人的理解和表达能力差异也非常大，同样一个故事、一组经验，不同的人可能会说出不同的味道来。这样通过语言来传递内容的路径越长，时间越久，内容就离原意越远。

好在人类很早就发明了文字。现代传播理论的奠基人——马歇尔·麦克卢汉（Marshall McLuhan）在《古腾堡星汉璀璨》一书中这样写道：“文明赋予了野蛮人或部落人一只‘眼睛’：让他们用眼睛而不是耳朵去认知……”文字的产生使得文化的保存和传播突破了时间和空间的限制，人们可以在不同的地域阅读文字来获取和交换想法，也可以阅读古籍理解前人的意志，或者把自己的经验记录下来传递给后人。人们记录文字的方式主要有刻在石头上，刻在兽甲与龟壳上，铸造在青铜器上，书写在陶瓷品、兽皮和绢帛上等等。直到后来出现了廉价的造纸术（蔡伦纸），文字作为内容传播的工具才有了进一步的突破。原先通过那些记录面积有限且成本高昂的载体去进行的文字记录，才有了相对廉价的解决方案。但这还不够，因为抄写依然是一件耗费人力和时间的事情。

人类实际上很早就发明了印刷术，最早可追溯到公元三千年前两河流域的滚筒印章，中国大约在南北朝时期开始有将古碑上的文字拓印下来的技术。北宋工匠毕昇发明泥活字比古腾堡发明金属活字要早大约400年，但据后人推测，因为汉字的数量过于庞大，而泥活字又不如金属活字易于长时间大规模使用，所以真正推动全世界印刷革命的，现在公认为古腾堡的金属活字印刷术。可以说，古腾堡发明的金属活字印刷，标志着印刷文明的诞生。

以印刷为主要媒介的文明大约持续了500年，直到广播、电视等电信号媒介的出现。广播、电视与印刷相比进一步打破时间和空间的壁垒，并且提供了更直观更原始的信息形式——声音和图像。即便再通俗的印刷品，也至少需要受众不是文盲，或者说受过最基础的识字训练。如果想要读有一定深度的书籍与报刊，对人的素质要求就会更高。而广播与电视对受众的文化水平几乎是不挑剔的，你只要打开收音机或者电视机，声音和图像信息就会源源不断地传递给受众。

到了互联网时代，信息的实时性和关联性得到了充分的发展。只要人们愿意，他们可以在世界上各个角落收到他们想要的信息，也可以将自己看到、听到的任何事情传递到世界的任意角落。你可以实时了解这些信息，也可以随时找到曾经被传播至互联网上的任何东西，并且因为信息的超链接特性，这些知识不再是单一的孤岛，而是形成了错综复杂的标签关联网络。不论你是接受过高等教育的知识精英还是不识字的孩童，获取这些文化内容需要的只是一个接入终端而已。这样原先没法记录和传播的很多内容得到了适合的传播载体媒介，比如探险家的探险经历，以前只能用文字描述，最多辅以照片，现在可以用视频记录下来，甚至可以实时直播分享。就这样，人类的知识也从理论上有了高效互融互通的可能性。

（二）媒介革命的趋势

从上面各次较大的媒介革命可以看出发展的一些趋势。

首先，制造成本的降低。从最早在龟甲上刻字到现在只需要敲击键盘就可输入信息，内容制造的时间成本被大量节省。

第二，存储成本的降低。以前需要通过大量空间来存储包含人类知识财富的书简、绢帛、纸质书籍，现在从理论上讲，同等数量的知识数字化后只需要小的多的硬盘、存储卡就可以存下。

第三，传播成本的降低。口口相传无疑是耗时且会有大量信息折损的方式，文字书写和后来的活字印刷先后两次降低了时间和空间成本，使得内容可以突破一定的时空限制，以更快更准确的方式传递给更多的人。一直到现在，只是一段数字信息在互联网间以电信号传播到各个终端，对于承载了如此海量信息的互联网来说，传播的成本微乎其微。

第四，内容制造者与受众的变化。早期受限于以上三项成本的问题，知识的创造、存储和传播掌握在少数精英阶层的手中。而现在只要你有一部可以上网的手机，就可以制造、存储和传播你自己的内容。由此可见，成本的降低带来的是内容制造者与受众的普及化、扁平化。很多原先无法被存储和传播的文化被存储和传播出去，内容制造者同时也可能就是受众，并且两者通过平台建立了更直接的联系，原本冗长的传播链条变成了多点之间的直接链接。

毫无疑问，媒介的一次次革命带来了太多的好处，它丰富了人类的生活，让我们不用完全像古人那样“日出而作，日落而息”地遵循大自然的规律，不会在等候别人的时候无所事事。当你在乘坐地铁时会不由自主地掏出手机刷刷微博和微信，看看新闻，或者翻开电子阅读器看一章最近在看的小说。

我们在改变着媒介，享受新媒介带来的便利的同时，也在被新媒介改变着。麦克卢汉在《媒介即按摩》里写道：“媒介改变环境，唤起我们独特的感知比率。任何感知的延伸都使我们的思维和行为方式发生改变，我们感知世界的方式因此而改变。”

二、文学艺术性的传承与改变

（一）语言文字是最重要的表达工具

一段内容从创造者传播到接受者，大约包含内容主体、表达工具、载体这几个方面。内容的创造者将自己的思考、故事、情绪等记录在载体上，需要通过对表达工具的熟练掌握甚至创造性的运用。这是区分劣质内容、准确但枯燥的内容以及优秀的内容的重要标准。电子时代以前，表达工具除了原始人就已经有了的绘画、舞蹈和音乐，最重要的、承载信息最多的自然是被“印刷文明”所弘扬的文字。

从符号学的角度来看，语言和文字虽然分别是对应声音和文字的两套符号系统，但它们有一定的对应关系，通过长期约定俗成和一定语法逻辑，使得这两套符号系统成为人类记录和交流的基础工具。当语言及文字系统发展到一定规模，产生了可以通过不同方式表达同一内容的丰富形式，便为文学的发展提供了基础条件。

人们这时候可以不再满足于只是清晰的表达，还可以通过语言的不同组合方式表达情绪、感觉、趣味，甚至隐喻。最早的古代文学作品一般认为是古埃及文学及苏美尔文学。例如古埃及的赞美诗和祈祷文，可以看出比较明确的诗歌技巧，但当时的诗歌韵律还并不完美。中国先秦的《诗经》用古音来读，已经可以听出一定的押韵，直到唐诗才真正形成工整的对仗与平仄。而到了宋词，又因为不同的音乐配词，形成不同节律的词牌。通俗的来说，就是人类在表达内容的同时也在探索基于语言和文字系统的多样形式。

（二）书籍中字体与版式的形式语言

形式语言在书写系统及后来的印刷版式这个视觉表达层面也有对应

的呈现。一开始可能出于记录载体的成本考量，这些古书往往呈现信息的连续性、块状化特点。比如碑文、竹简、绢帛上的文字，基本上都是如此。特别是竹简和绢帛，如果不考虑阅读和携带的问题，理论上可以不用中断。创造者在连续的介质上创造线性的内容（虽然内容本身可能会有倒叙、插叙等形式），阅读者一般也会按照线性的阅读来获取内容（词典等查阅类工具书不属于这个范畴）。直到纸张和经折装的出现，出现了“页”的概念，连续性的内容被划分在了连续性的页面里，这样文字的记载形式便从单一平面向三维方向发展。出于书写、印刷、装订以及方便阅读等需要，版式的概念逐渐形成。字体的选择、字号的大小、行距宽度、版心的位置等概念逐步形成。

在此演进的过程中，东西方各自形成体系，但形式需求实际上具有共通性。一开始只是记录下来的需求，慢慢的需要记录的更精确，传播过程尽可能地减少信息损耗，进而需要看起来更舒适。现在看起来有些教条的版式“美”的定义，便在这一步步的需求进化中被约定下来。

从东西方字体发展的历史中，可以看出类似的趋势。早期的字体（书体）并不过多考虑阅读者的普及问题，阅读者需要接受过相同的训练才可以“解读”，比如中国的篆书以及西欧用于抄写经书的哥特体。后来由于各自抄写速度和内容传达准确性的需要，分别出现了相应的字体，比如中国的隶书，西欧的卡洛琳小写体。直到印刷的普及，才进一步对于字体提出了规范性要求。在《汉字的文化史》一书中写道：

“印刷品的制作一旦达到批量生产，就不可能像原来那样一笔一画的精心刻写。甚至可以说，若过于拘泥于原版，文字就会显得十分呆板。稍微单纯一些，并留下刀刻的痕迹，反而更显得遒劲有力，也显得更美观。这种书体被称为‘宋体字’……”

早期的宋体更接近于楷体，保留了横画的倾角，以及书写的变化。但随着印刷书籍的普及，雕版的工序也随之发生了变化：

“为了提高制作版本的效率，便去掉了楷书微妙的曲线，使笔画尽可能直线化。”这一时期，雕版的过程实际上是一个流水线工作，第一位刻工只刻竖画，第二位只刻横画，第三位刻横画末端的“钝角”，最后由高级刻工整理加工。

排版上也是如此，如果只是为了单纯的记录下信息，供受过良好训练的受众来阅读的话，甚至都未必会产生标点符号。中国古代文言文，一般通过语感、助词、语法结构来进行断句。这对阅读者的阅读水平提出了一定的要求。西方的标点符号也要到17世纪才进入稳定阶段。直到近代随着东西方文化方面交流的加速，中文才逐步形成了现在的标点符号体系。

原本为了节省纸张，在同样的面积上尽可能地放入更多的信息，字间距往往非常紧密，行间距也仅仅是勉强可辨认，比如《古腾堡圣经》上传承自手抄经传的哥特体排版，繁密得像教堂的窗花一样。印刷的大量复制带来受众的极速扩大，在内容传递有效性等方面就有了更多要求。通过拉大行距、增加露白来舒缓阅读压力，通过不同的排版形式来更好地控制阅读的节奏，从而提高了内容传递的有效性。比较有代表性的例子是诗歌的排版，一般都会进行自然断句，并且左对齐。这样可以形成行尾自然起伏的节奏感，视觉形式与语言逻辑在此得以统一。

20世纪前叶，全球各领域交流频繁，工业技术极大发展，信息传达在有效性上提出了更高的要求，随之而来的是瑞士国际主义风格兴起。没有个性但具有最高普适性的字体Helvetica和排版中的网格系统被创造并推广到了全世界。虽然后来人们开始厌倦这种潮流所带来的单一性，并警惕其带来的抹杀形式多样性的垄断，比如著名平面设计大师大卫·卡森（David Carson）就通过《Beach Culture》和《Ray Gun》等杂志丰富多变的设计来尝试没有网格和普适字体且更强调语义逻辑的排版方式。但功能性、逻辑性和视觉美感兼具的网格系统，还是成为了当今平面设计版面形式的基础法则，普适性的字体也被广泛运用于城市、交通等公共场合。

至此我们可以看出，书籍这一印刷媒介，实际上是运用了印刷文明几百年来逐渐形成的形式语言将内容“封装”起来的三维空间，作者将稿件给到出版社，由出版社编辑进行加工、排版，并由印刷厂印制和装订成了内容包——书籍，读者打开书籍，通过被教育习得的“解包”技能，来获取他们所需要的内容。

（三）电视及广播对书籍的冲击

人们通过语言和文字的组织形式、字体和排版的视觉呈现，构建了前电子时代知识承载与传播的媒介——书籍的内容形式。广播电视的出现对书籍的媒介作用提出了挑战。前文提到麦克卢汉所说的文字的意义是“文明赋予了野蛮人或部落人一只‘眼睛’：让他们用眼睛而不是耳朵去认知……”这只是书中原话的前半句，后半句是：“而如今这种视觉世界与电子世界产生了冲突。”因为按照他所说的，原先由文字所构建的视觉导向的世界，正在逐步转变为听觉导向。但我们分析两类媒介的差异会发现事实并不那么简单。比如大家都有观看外语中文字幕电影的经验，字幕如果太长，看着就会很累，往往因为看字幕而错过了演员的精彩表演以及电影里的细节表现。心理描写也不可能通过画面静止而后附上长篇的文字让观众来细细品读，只能通过演员的表演和镜头的语言来呈现。这些内容往往需要通过受众自己的经验和对故事的了解来自行脑补。但是电影的同名小说则十分适合展现这些内容，并且读者还可以反复阅读体会，随时停下来思考，这是广播和电视所不具备的特性。虽然书籍欠缺广播电视所能带来的体验，需要阅读者在人物长相、性格、穿戴、声音等感官体验等方面进行大量脑补。所以从21世纪回看当年麦克卢汉的论述，可见这种信息获取导向的转变并没有让广播和电视取代书籍。由于其承载和传播内容在形式上的差异性，最终它们共存了下来。

（四）互联网时代形式的改变

但到了互联网时代，这种冲突和变化完全不同。互联网并不是来取代书籍或广播电视的内容呈现媒介，而是一种连接器，并可以将书籍及广播电视媒体的所有内容和一个个具体的人产生更直接和便捷的链接。人们可以在互联网上读到电子版的图书，看到电视里正在放或者找到曾经放过的电视节目、电影、电视剧等大量视频内容，听到各种广播节目。从内容本身上来说，这些原本在纸质书籍和电视广播上呈现的内容并无不同，甚至由于互联网的超链接性、可以随时形成讨论的社区属性，以及传播的“放大器”效应。相关的内容之间，内容的创造者与受众之间，正在产生激烈的相互影响，并产生大量基于这些内容的衍生内容。

虽然互联网有能力把人类之前所有创造的内容纳为其子集，但这一能力并不能真正实现。一来，互联网存在其商业属性，就像纸质出版和广播电视媒体一样，面对海量的原生内容，依然会有其选择；二来，原先大量的纸质出版和广播电视内容存在其版权，是否能被数字化并不是互联网公司可以说了算的。所以依然会有大量的纸质内容暂时不能被数字化。实际上往往被人们所忽视的是，互联网虽然没有改变语言文字本身的内在逻辑，但可以被数字化的纸质出版和广播电视的内容也并非原封不动地被数字化，而是将原先的内容形式打散，对内容本身进行重新“封装”，这便产生了新的形式。

重新“封装”内容，源于屏幕本身的限制和阅读习惯的迁移过程。纸质书籍有不同的开本，在不同的开本内编辑和书籍设计师可以根据内容的关联性、预想的阅读环境等进行版面形式的“创作”，比如进行大量的图文混排，进行字体、字号、行距和版心的设定。但互联网终端媒介例如手机和平板电脑，由于其屏幕的限制，这些形式的创造都被剔除。在纸质书籍这一三维空间里看到的连续多页的内容，被呈现在了单一的平面内，多页的形式被数字化的“多页”所取代，甚至直接形成了不翻页的垂直信息流，这有点像前面提到的理论上可以无限写下去的竹简或帛书。不同在于内容的增加并不会增加体积和重量。字体字号等设定通过技术的手段给到了读者手中，虽然可以自由定制，呈现一种技术驱动的“民主”，但伴随内容产生的用以更好地呈现内容的形式变得单调。也许在以后技术的进一步发展中会逐步得到改善。

在智能手机刚被创造出来的几年里，曾出现大量模拟纸质书的数字化形式，比如逼真的翻页效果，这些年随着阅读习惯逐渐被数字化形式取代，这些模拟纸质书的形式越来越少，甚至原本强调分镜的漫画，也因为屏幕的限制，产生了越来越多的条漫（垂直连续单格漫画）。这直接影响到了内容的创作。作者和编辑更少考虑内容本身的“封装”形式，原本的形式语言在互联网时代出现了大量的损失。当然，新形式也被创造出来。

三、环境与创作的变革

（一）内容创作环境的改变

原本基于作者的写作、出版社的编辑和排版、印刷厂的印制和装订才能将内容传递给读者的产业链发生了变化。从单项渠道传递内容的树状结构，转变为读者自行产生内容相互交流的网状结构。

前互联网时代人们渴求交流，看到一点好的东西就想拿出来分享，而现在则是交流过度，并陷入信息爆炸乃至阻塞的困扰中。我们在打发无聊或者将碎片化的时间利用起来的时候，本以为自己应该会变得更高效，更充实，但实际上我们的阅读取向发生了巨大变化，越来越多的人已经不太能专心进行长篇阅读，更不用说有一定难度的深度阅读。我们过多地拥有内容，但并没有更多的时间去阅读和消化内容，这让人产生焦虑，但依然每天在过多的浅层信息里疲于奔命。

与此同时，媒介形式的改变对信息获取产生影响，我们现在能看到什么的权利实际上是被科技公司的算法和主要媒体把控着。互联网活动家Eli Pariser在《别让算法控制你》一书中提出了“过滤气泡”的概念。他认为现在人们生活在一个巨大的算法建立起来的泡沫中，它决定了你看什么，对自我价值的判断，以及未来会做什么。人们也被算法割裂为更有偏见、相互分裂的群体，甚至相互鄙视。

实际上，上述这个例子来源于互联网知名媒体“好奇心日报”的一篇文章，即便“好奇心日报”是一个“以商业视角观察生活”的新闻媒体，评论相对客观和与深入，但依然无法避免会有其内容的选择与评论的倾向。尤其是在这个门户网站势弱、个性化定制越来越加强的时代。长期会关注同一媒体的，自然是具有相似价值观的人。在这样的价值和算法形成的孤岛里，人们产生激烈的讨论，同时很容易对孤岛之外的内容漠不关心。即便有人兴趣爱好广泛，也由于个人精力限制，只能进入有限的孤岛，而很难看到整个汪洋。所以看起来人类知识在互联网的推动下打破了信息的壁垒，但出乎意料地形成了价值观的“孤岛效应”。

基于这样的现实，创作者和创作的内容也在发生改变。因为“价值观的孤岛”，越来越多的创作针对某一群体展开，因为有粉丝效应，更容易获得商业上的成功。创作越来越多地受制于消费主义的导向。虽然有如《法兰克福汇报》FAZ文艺副刊总编Andreas Platthaus先生所认为的“要挑战读者”“不会让读者读得太容易”，要探索“德语这种语言还可以有怎样的实验性，可以达到怎样的高度广度深度”这样的思考；早在1940年就出版的《如何阅读一本书》里也提出更好的阅读应该是“试着读某样他一开始并不了解的东西”。但现实却是，更多的人享受被这种消费主义导向价值观所追捧的符合自身已有认知的轻松获取，大多数人正在被互联网这一媒介“按摩”。

（二）新技术与新形式的出现

我们在今年法兰克福书展上新增的ART+板块里看到了大量新形式，这些形式跟古腾堡发明活字印刷一样，并不是突然就进入人们的视野，而是经过了几年的发展，现在逐渐成熟起来。法兰克福书展将它们聚合在此，希望传统出版人可以实际地接触到，并产生内容与形式的碰撞。

我们能看到通过VR技术开发的相对初级的虚拟美术馆，这实际上相当于智能手机刚出现时模拟纸质书形式的电子书，是新的媒介在发展过程中，传统表达形式的直接移植。这是个过渡的过程。因为技术的壁垒，传统出版人面对新媒介往往无所适从，实际上构建新媒介的技术人才在面对内容时也是如此。这几年智能手机技术的发展已放缓，围绕智能手机的商业模式也少有突破，大家都知道再继续下去也只能是在存量市场里厮杀。所以VR技术的出现让人看到了希望，大大小小的公司都在这一领域掷重金希望能占据一席之地。但从2016年的情况来看，随便一个相关的技术公司都能搞个眼罩把手机放里面播放3D动画，当这样的技术烂大街的时候，相适配的内容和形式还没有被更好的创造出来。由于严重缺乏相应内容，很多相关的创业团队已经倒掉。这一领域的技术和内容还需要一定时间的发展也许才会真正成熟起来，并进入到普通消费者的生活里。

相较于此，AR技术倒是发展迅速。因为不需要增添新的设备，现有的手机或平板只需要下载程序并对相关的图片进行拍照就可以呈现互动内容，普及起来成本相对较低。内容制作上也比VR更容易一些。目前国内外都已经有大量以AR为技术核心的成熟且盈利的公司。

另外令人惊喜的是，除了新技术之外我们也能看到很多新的形式。比如Google公司的Google Arts & Culture项目，几年前还只是跟一些美术馆合作，提供在线浏览作品的功能，但这次在ART+展区里展示的是，内容可以在屏幕里通过动态和多角度透视，展现出更吸引人也更多细节的内容互动，这些不是前文提到的虚拟美术馆那种模拟现实浏览体验却无法取代现实的过渡产品，而是真实的浏览无法体会到的真真正正的新形式、新内容。不远处的古腾堡博物馆展区，除了售卖活字等传统文化衍生品外，引入了3D打印，可见传统领域并不一定只能守旧。

对于掌握了传统出版形式语言的世界各地的出版从业者，应该对此感触极深，也许下一个好的内容展现形式便会在此产生。但对于传统出版从业者来说，最重要的可能还不是在展会上看看这些新技术、新形式，而是去深入了解技术的可能性，思考如何将传统出版积累的内容、形式、交互方式更好地移植、传承到新的媒介上。

至此我们可以看到，内容与形式在每一次技术推动的媒介变革后都会经历几个阶段，首先是维持原有形式和交互习惯的简单移植，接着便是形式的重构以符合新媒介的特点，最终找到新媒介下每一个内容最适合的呈现形式，也解放了对原有形式的认知并形成新的发展。

四、结语

“青春不是消逝，只是迁徙。”——张曼娟

有人担心书籍会消亡，但实际上这在于你怎样定义书籍。媒介的作用在于传递信息，在每个历史阶段都会发展出适合当时媒介的独有形式。这些形式并不是孤立存在的，它们承载着上一代媒介的形式语言，并将这些形式传承给新媒介。就像摄影解放了架上绘画，让绘画不再只是描绘客观事物，才能更好地发展绘画的表现性。书籍也不会因为大家都在手机上看文字而消失，它会更强调内容的筛选和形式语言的组织，将不同的内容展现在不同的媒介上。

法兰克福书展出现非传统出版的ART+内容，正是看到了内容与媒介的发展到了新的时代，并主动为迎接新形式做好了准备。也许在古腾堡发明活字印刷术560多年之后，另一个技术与人文的交叉路口即将被找到。

BITTER & ZART
16
Haus des Buches
Börsenverein des Deutschen Buchhandels
FRANKFURTER BUCHMESSE
mvb

德国图书出版工作对我国图书版权贸易的借鉴

江苏凤凰教育出版社　孔　融

图书版权贸易是我国出版业参与国际分工的重要形式，也是我国文化“走出去”的组成部分。据国家版权局统计，近五年我国图书版权的引进和输出总量基本稳定，但也存在一些问题。

2011年-2015年图书版权引进输出数量对比

年份	2011		2012		2013		2014		2015	
国家或地区	引进	输出	引进	输出	引进	输出	引进	输出	引进	输出
美国	4553	766	4944	1021	5489	753	4840	734	4840	887
英国	2256	422	2581	606	2521	574	2655	410	2677	546
德国	881	127	874	352	707	328	807	304	783	380
法国	706	126	835	130	772	184	754	313	959	138
俄罗斯	55	40	48	104	84	124	97	177	86	135
加拿大	133	15	122	104	111	46	160	67	151	81
新加坡	200	131	265	173	310	171	211	248	240	262
日本	1982	161	2006	401	1852	292	1736	346	1724	285
韩国	1047	446	1209	282	1472	656	1160	623	826	619
香港地区	345	366	413	440	354	402	181	277	159	311
澳门地区	1	19	5	1	7	24	8	13	1	31
台湾地区	1295	1644	1424	1781	1100	1714	1171	2284	1052	1643
其他	1254	1659	1389	2173	1846	2037	1762	2292	1960	
总计	14708	5922	16115	7568	16625	7305	15542	8088	15458	5318

一是输出地不均衡。我国向欧美发达国家引进版权的绝对数量和引进输出比都高于平均水平。如2014年，中国从美国引进图书版权4840项，输出版权734项，引进输出比约为6.6：1，远高于平均比1.9：1。

二是输出内容单一。大多集中在中医、武术、古典文学等传统文化内容上。

三是专业人才缺乏。版权贸易工作的专业性强，对人员素质要求高，需要从业人员熟悉出版业务、法律法规、国际惯例、谈判技巧等多方面知识。目前，我国大部分出版社由编辑或营销人员兼职负责，专业素质和能力上的不足限制了版权贸易的发展。

四是逆差明显。2011至2014年，我国图书版权总引进与总输出之比从约2.5：1降至1.9：1，2015年陡升至2.9：1。与部分发达国家或地区的图书版权贸易逆差更大：据德国书商及出版商协会统计，2015年，德国订立版权输出合同7521份，输出语种前两位分别是中文（含简体和繁体）和英语，分别占15%和7%。

至2015年，德国约有8000万人口，与江苏省人口相近，但该国有超过三千家出版社，六千多家书店，图书年营业额92亿欧元，版权输出规模超过我国，这种反差值得我国出版业者关注和研究。在与德国同行交流学习后，我发现德国在出版上的一些经验和做法，可为我国发展图书版权贸易提供借鉴。

一、培育市场，为产业发展提供坚实基础

蓬勃的市场是产业发展的基础。德国图书市场的繁荣源于全民良好的阅读习惯。德国人喜爱阅读，调查显示，15岁以上德国人中，83%的人每年至少读1本，其中每5人每年读18本书；51%的德国人表示图书是生活必需品，42%的德国人表示因大量阅读，有心爱的作品，并忠实于这些作家。平均每个德国人每年为书支出120欧元，按平装书每本均价10欧元计，平均每人每年买书12本。

从营业收入看，2015年德国图书市场份额最大的类别是虚构类文学，占32.1%，其次是青少年图书，占15.8%。青少年图书有如此巨大的份额，这与德国政府和社会的引导关系密切。二战后，对从小培养孩子的阅读习惯的重要性，德国从政府到民间达成了共识，因此在青少年图书市场进行了巨大投入，不断提供优质丰富的内容。可以说，德国人的阅读习惯是在引导下逐渐养成的。20世纪50年代，德国人闲时主要在凭窗远眺，而在当今移动互联网时代，仍有40%的德国人每年读10本书。

德国引导阅读较有效的方式之一是设置图书奖，通过评奖树立阅读标杆，制造社会话题，引导人们关注和阅读。据统计，目前德国有三百多项与图书相关的奖项，其中最重要的是德国书业和平奖和德国图书奖。德国书业和平奖于1951年设立，虽然是书业奖，但涉及人们所关心的社会文化现象，所以能够引起人们的广泛关注，如2015年该奖项就授予伊斯兰研究移民文化的学者。德国图书奖于2006年设立，是当今德国最重要的文学奖项。重要的图书奖项大多在市政厅、教堂等庄严的地点颁布，每年都能吸引大量媒体关注。

二、灵活管理，保证产业稳定持续发展

德国没有专门的出版管理机构，因此与行业协会合作是政府管理出版业的重要手段。行业协会是介于企业和政府之间，代表行业利益的社会中介组织。德国书业最重要的协会是德国书商及出版商协会，这是一个公司化管理、非盈利性质的法人组织，它不依附于政府，独立运营；它也是世界上唯一的集中了生产、批发和零售三级机构的行业协会，会员自愿加入。在推进产业发展上，协会主要有两大任务：一是与政治、经济界交流沟通，争取利益，协调业内矛盾。二是为会员提供服务。包括为成员提供法律及业务咨询、每年统计公布行业数据、促进业内交流等。值得一提的是，在协会推动下，全德书业上中下游使用同一套信息系统，任何一家出版社可以随时查到任意一本书的即时销售情况，极大地提高了图书的生产流通效率。

德国图书市场繁盛的另一项因素是政策支持，其中最重要的是图书定价制度和税收政策。德国的图书定价制度为产业有序发展提供了保障。在德国，极少种类的商品有定价制度，图书便是其中一类。制度规定图书价格由出版商制定，任何一级渠道商都必须遵照该定价销售，无论是亚马逊等网店、连锁大书店或独立小书店。这一举措避免了出版社间进行折扣战之类有损产业生态的恶性竞争，促进了图书生产的异质化和专业化；避免了上下游间的倾轧，增进了渠道商与出版商之间的信任，也使得产业更加透明进而保护了读者的利益。该制度始于1888年，最初是行规，后因德国加入欧盟出现了诸多干扰因素，为确保其效力，2002年确立为法律，2015年开始适用于电子书，限定电子书的平均价格只可以比平装书便宜20%。

税收政策为出版业发展提供了宽松的环境。经济手段是各国调控出版业的重要手段，通过税收、补贴或建立基金等方式可以影响出版企业的行为。德国一般商品的增值税为19%，图书、光盘等出版物增值税仅7%。此举鼓励了更多有识之士加入出版业，减轻了出版企业的经济压力，利于企业专注于内容生产。需要指出的是，目前德国的电子书、下载版有声书等非实体出版物仍被定义为服务产品，增值税为19%，为此德国书商及出版商及协会正在和欧盟艰难谈判，希望电子书享受7%增值税税率。

三、多方参与，非政府组织积极推广与发掘本土文化

德国书商及出版商协会除了推动书业发展，也承担社会责任，协助政府促进国际间文化交流。协会下属的法兰克福书展和德国外交部（德国没有文化部，所以由外交部承担）于20世纪50年代开始合作，20世纪70年代达成常规合作协议，在世界20多个地方设立国家展台，推广德国文化，促进图书贸易。

出版商联盟加强出版社间合作，推动本国图书阅读和对外图书贸易。德语区儿童出版物联盟（AVJ）是德语区独一无二的组织，它由上百家来自德国、奥地利、瑞士的少儿图书出版商和磁带、CD出版商组成。联盟建

立了数据库平台，为外国出版商提供德语区儿童出版物、童书作者、插画师、出版商的数据，为童书的开发机构和作者提供发表作品的平台，为读者提供童书相关活动的信息。几乎德语区所有的童书出版社都在该平台上设立了英、德两种语言的网页。联盟还编制英文的德语区童书版权书目，每年博洛尼亚少儿书展都会制作本年度德语区童书新书目。

文学馆、文学研究会资助鼓励本国和外国译者介绍国外文化，传播本国文化。德国人非常重视翻译者在文化交流中的作用。研究会负责人举例说，如果君特·格拉斯的《铁皮鼓》翻译得糟，想必外国人对德国的印象也不会好。这种认识催生了文学馆和文学研究会这种德语国家的特有的文学组织。文学馆普遍存在于如法兰克福、科隆等德国大城市中，功能类似于国内的会馆，为作家和译者提供住宿，便于他们工作和交流。文学研究会有两项主要功能：一是资助作者和译者，二是向其他国家推广德国文学。以柏林文学研究会为例，协会于1963年在西柏林成立。虽然不是出版商或书商，但研究会与作者和译者联系十分紧密。协会设立了奖项和奖金供作家和译者申请。协会定期组织推广活动，举办巡回朗诵会，作家和译者可以从朗诵会中获得收入。通常一个推广活动会包含50场朗诵会，每场500欧元。译者除能获得经济收入外，还可以以翻译家身份向杂志投稿，获取一定的社会地位。二十多年来，协会与德国外交部管理的歌德学院合作，与他国的文学圈建立了广泛联系，推广德国文化。协会在夏天举办研讨会，邀请世界各地的作家、译者和德国的出版商到柏林交流，比如同样是翻译英格瑞·苏茨作品，本没有机会碰面的俄罗斯和中国译者可以面对面交流，进而形成了一个以德国文学为核心的交际网络。通过该网络，协会也发掘了超过千人的文学作品译者，并将他们翻译的作品的目录不断更新到协会网站上。

德国译者协会主要是资助把外国文学翻译成德语的工作。协会建立于1997年，主要经济来源是公众资助。协会主要给译者提供资助，每年有100个奖项共40万欧元资助，每100–120人中有40%可以获得资助。资助一般针对两种情况发放，一是翻译工作，二是译者去作品所在国采风或拜见外地书商。协会重视培养年轻译者，积极促进译者之间以及译者与编辑之间的沟通，其中一个项目是促成两国通晓彼此语言的一对译者交流，让双方从各自语言的角度审视对方的翻译作品，如德国译者可以看中国译者译出的卡夫卡作品是否到位，中国译者可以看德国译者是否准确传达了诗句背后的寓意。

政府与非官方组织合作推广宣传他国文学，促进文化交流。德国出版人认为，从外部的视角看德国对于德国文化的发展很重要。德国翻译家的鼻祖马丁·路德把圣经翻译成德文，奠定了德国文学的基础。歌德和席勒翻译了莎士比亚的作品，对德国的文学产生了重要影响。因此，德国不应自诩为欧洲文化中心，而应该以开放的态度，借助文学的形式，与其他文化交流。*Litprom*杂志正是起到这个作用，该杂志是德国唯一的文学杂志，也是世界唯一的协会性质的独立杂志，至2016年已运营36年。其核心工作是以赞助译者或出版社的方式促成亚非拉文学进入德国文学圈。赞助由德国外交部资助。36年来，无论这些亚非拉国家的政治发生多大变化，德国政府哪个党执政，外交部的资助从未中断。杂志的日常运营费用主要来自新教教会和杂志会员，会员中最大的来源是法兰克福书展，法兰克福书展主席就是该杂志协会的最高主席。虽然得到各方的资助，但杂志对作家和文学仍坚持其独立性。

四、专业分工，代理服务促进版权贸易发展

版权代理目前在中国尚在起步阶段，但英美90%的作家、德国70%的作家通过版权代理公司与出版社合作。版权代理公司为作家代理，与出版社之间进行洽谈。公司一般由出版及文学双方面的专业人士组成，可以帮助出版社初步筛选作品，节约时间；同时，因为对出版社的出版重点和强项较了解，也可有针对性地推荐作家和作品给出版社。代理需要对作家的才华、工作持续性、在营销活动中可起到的作用等进行综合判断。

德国出版业的这些经验和做法，加之出版人的努力，使得出版市场

稳定，企业高效，从而能持续生产出高质量的出版物。德语作为一个小语种，版权输出能取得超过中文的规模，其根本原因是优秀的内容质量。值得注意的是，凡事有利必有弊，这些经验做法也会带来一些问题，如图书定价制度规范了传统出版，但也限制了电子书的发展，德国电子书的市场占有率远低于美国。同时，这些做法是基于德国当时的国情、产业状况和民族特性等因素确定的，并不一定适合当下我国的国情，因此需要我们根据我国出版业的特点，有选择地学习和借鉴。

文化“走出去”战略是在我国文化产业开始参与国际分工与市场竞争的条件下提出来的，其目的是通过文化交往使其他国家的人们理解并接纳中国的价值观念。目前，在他国开办孔子学院，把文化产品翻译为他国文字，派遣文化团体交流等措施只能做到让世界认识中国文化。而要做到理解并接纳中国文化，我们首先必须明确“中国文化”的价值观念，当代的中国文化价值观念已不同于农业文明基础上形成的传统文化，单纯地输出传统文化并不能真正实现中国文化“走出去”。

其次，要得到他国人们的理解并尊重，需要我们扩大文化影响力。昔日，伦敦因其有很多英联邦成员国家而成为版权交易中心。现在，美国文化影响力波及全球，并以图书、电影、电视剧、音乐、软件等各种形式渗透到世界各个角落，于是，纽约取代伦敦成为世界出版交易中心。而要扩大文化影响力，首先必须得到本国人们的认可，这需要我们完善现有体制，提升内容质量。近年来，我国出版业虽已取得了长足进步，出现了凤凰、中南、时代等一批大型出版传媒集团，但相较德国而言，行业情况不容乐观：受到新媒体冲击，读者群不断萎缩，行业发展严重依靠教辅，行政壁垒尚存，跨地域整合资源难以实现，企业缺乏特色和专业，生产产品内容雷同质量低下，产业上下游信息不畅……仅靠大投资、大体量是无法解决这些问题的。德国许多小而专的出版社的成功经验告诉我们，只要质量过硬，精耕细作，小制作一样可以影响市场，赢得口碑。

Börsenverein des
Deutschen Buchhandels
FRANKFURTER
BUCHMESSE
mvb
FBM

浅谈IP运营思维下的儿童文学出版

江苏凤凰少年儿童出版社　陈艳梅

引子

10月13日上午，法兰克福书展高级副总裁Holger Volland给我们作了一个名叫“Digital and Media convergence: How books connect with creative sectors like film/tv, games& others...”（数字和媒体融合：书籍如何与创意部门跨界融合，如电影/电视、游戏和其他……）的讲座。

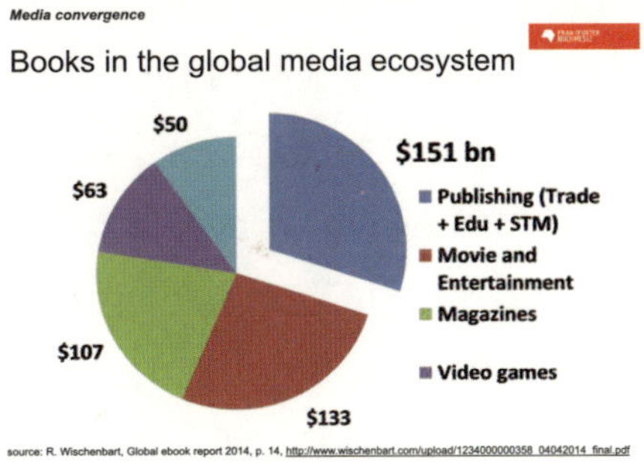

其中给我印象深刻的是他讲述了这样一个趋势：作为出版商越来越多是IP的策划人，应该把IP延伸到书之外的各个其他内容领域。

他用一张饼形图来说明图书出版在全媒体生态环境中的地位：在全球媒体的生态环境中，图书（蓝色部分）还是非常有实力的板块。很多优秀的电影、玩具等，最初都是来自文学作品。

他还给我们举了一个例子，来讲述这个新的发展趋势。EGMONT是北欧的一个比较强的出版集团，它已经从“我要做出好书”这种传统出版人的使命转向内容“IP”的全媒体打造，以各种不同的方式，如游戏、玩具、AR/VR技术等等，为各个年龄阶段的孩子呈现他们所应该了解的世界。

（一）"IP"及其运营特点

十年前，如果提到"IP"，人们首先想到的是"IP地址"。但是，今天我们所说的IP，更多场合指的是一种"知识财产"（Intellectual Property），是指包括音乐、文学和其他艺术作品，发现与发明，以及一切倾注了作者心智的语词、短语、符号和设计等被法律赋予独享权利的"知识财产"。这种"知识财产"具有"可供多维度开发"的属性，它成为了众媒时代的一种新的连接符号和话语体系，甚至引发了一种新的商业模式。那么，这种新型的商业模式，有什么运营特点呢？

首先，"IP"对内容有极高的要求。一个优质的"IP"必须具备独特的内容能力，内容既是它的起点，又是它的内核，是其表现出长久生命力的关键所在。在以碎片化传播为特征的信息爆炸的全媒体时代，优质而专业的内容越发显得稀有和可贵。其次，"IP"的运营必须是长期的、持续的、全方位的经营。一个超级IP并非只是设计出来的，更多是运营出来的。"IP"通过一个媒介呈现形式被激活后，只是完成了第一步，下一步就是长期的"IP"运营，再好的"IP"如果一段时间缺少运营，就会在观众的心中消失。第三，"IP"必须具备跨平台、跨界经营的能力。平台和"IP"其实是一个共生且动态平衡的关系。大的平台可吸引"IP"，小的平台需要依靠"IP"；但超级"IP"一定具备跨越平台的能力。

（二）出版，尤其是儿童文学的出版需要有"IP"运营的思维

虽然"IP"最先在影视领域被热捧，但是它的运营模式或者说运营思维在出版领域同样适用。因为某种意义上可以说，电影行业是文学出版行业的跨界运营，大部分优秀电影的"IP"的源头来自优秀的文学作品。

伴随着媒体的变革，越来越多的人乐于接受多媒体、多介质、多元化

内容表现形式，因此，更多的出版人，尤其是少儿出版人，开始关注优秀的“IP”。开发、运营优秀的童书“IP”似乎成为加大少儿出版产业链延伸的新的聚焦点和突破口。

其实，在“IP”概念出现之前，在出版领域就已经有了类似意义的做法：即传统意义上的，紧紧围绕着图书本身展开的，仅限于出版领域的多角度开发。往往是从纸质书入手，围绕图书主系列做相关的延伸开发，将优质图书从内容和表现形式上进行改编和创造。

然而，随着科学技术的发展应用以及大众阅读体验的变革，当前的童书市场，一本儿童读物，不再限于纸质书的出版，还可应用二维码技术或AR、VR等技术打造成集声音、影像于一体的多媒体读物；基于一个卡通形象，不仅能创作出各类图书产品，更能打造出一个囊括玩具、幼儿游戏、数字互动课件等多个产品形态的教育品牌；围绕一个经典故事，可以开发出动漫、影视、舞台剧、展览等众多内容形态……因此，现在童书的“IP”开发如果构不成产业链，图书、动画、游戏、漫画、舞台剧等等形不成合力，就很难说是真正的“IP”化运营。

在童书的细分市场中，儿童文学和卡通动漫是最容易操作“IP”运营模式的。知名的儿童文学作家、优质的儿童文学作品，都是潜在的优质的童书“IP”。

为什么这么说呢？因为原创儿童文学是童书出版的母体和根。没有优秀的儿童文学作家，没有优秀的儿童文学作品，就没有优秀的童书，就没有优秀的童书出版社。知名的作家和优质的作品具有潜在IP的最核心的要素，就是独特的内容力。这里所说的内容力涵盖了原创的、差异化的内容的持续创造能力、传播能力和影响能力。

首先，优秀作家具有优秀的原创能力。在内容泛滥的时代，只有原创的、优秀的内容，才有可能吸引读者们的眼球。不管是何种形式的IP开发，还是内容载体的形式如何变化，夯实内容基础才是童书出版的核心。原创儿童文学具有特色鲜明、差异化明显的图书内容，具备优秀童书“IP”的最核心的基础。

其次，优秀作家和作品的传播能力较强。当前的儿童文学领域涌现出了一批优秀的儿童文学作家和作品，并形成了各具特色的文学流派和超级畅销书，如曹文轩的纯美文学、金波的儿童诗、杨红樱的校园文学、郑渊洁的童话、沈石溪的动物小说等等，精彩纷呈。某种意义上说，我们并不缺少优秀的图书，但是，为什么读者会觉得市场上买不到好书呢？问题就出在对优秀童书的传播与推广上。相比较而言，知名作家、作品的传播力较强，作家们会进行校园行、书店推荐等各种活动，和小读者们互动，推广他们的作品。

第三，优秀的作家和作品具有独特的文化价值和情感价值，他们的影响能力毋庸置疑。每年的“五个一工程奖”“冰心儿童文学奖”等的获得，都是对这些作家、作品的认可，这种官方的认可又进一步提升了他们的影响力和个人魅力。

之前很多出版机构意识到了作家的品牌效应，但是，如何从打造超级IP的层面来运营儿童文学的作家和作品呢？下面就以著名作家曹文轩为例，和大家一起探讨儿童文学的IP运营。

1. 作为出版机构要充分认识到作家的个人效应

自从1991年12月曹文轩老师在江苏凤凰少年儿童出版社（以下简称“苏少社”）出版了《山羊不吃天堂草》这部长篇小说以来，先后出版了《草房子》《青铜葵花》《红瓦黑瓦》《狗牙雨》《根鸟》《细米》《野风车》等多部长篇纯美小说。其中，《草房子》已经超过300刷。他的小说唯美精细，渗透着悲悯的情怀，是少儿文学阵地不可或缺的一部分。2016年4月，曹文轩老师摘得国际儿童读物联盟（IBBY）2016年度“国际安徒生奖”，这让他的影响力迅速扩大，成为了儿童文学圈内最火的“网红”。曹文轩老师有特质的纯美文学得到了读者们更深层次的认同，获得了更持久的关注。这也就为曹文轩文学IP奠定了坚实的人格魅力基础。

2. 儿童文学“IP”存在的理由是内容的持续经营

在移动互联网时代，新媒介的迅猛发展带来的一个直观结果就是信息生产的极大丰富，但人们能够把注意力集中在处理信息上的能力有限，因此，信息的丰富导致注意力的匮乏，产品生命周期越来越短。要在过量的信息资源中有效吸引人们的注意力，就要有持续的内容能力。这往往比拥有和开发爆款产品更为重要。也就是说“IP”的内容能力必须要持久，必须能保证持续不断地生产优质内容，才能形成不断的影响力，持续“吸粉”。

对于曹文轩原创儿童文学而言，内容的持续经营体现在：

第一，不断打造曹文轩重点的新品图书。（1）促进曹文轩老师创作新的、优质作品，并且重视新作中新人物角色的打造。除了关注新作品，我们还要将眼光投向新作品中的新的人物角色的设计打造。文学作品需要突出的人物角色，一个特征鲜明的角色，会令读者印象深刻。客观上来说，流传至今的“IP”大多数都是因为其角色受人喜爱，比如谈到迪士尼，我们首先想到的是它的经典形象米老鼠，故事倒在其次。因此，原创儿童文学的创作者、出版者，应该重视儿童文学作品中人物角色的打造。（2）重视曹文轩儿童文学创作的新概念打造。21世纪初，苏少社提出了“曹文轩纯美小说”，这个概念高度概括了曹文轩老师原创儿童小说的写作风格，提高了曹老师作品的辨识度。现在曹老师创作的题材扩大到了儿童绘本，在这个领域我们也可以打造一些新的概念，比如“曹文轩视觉绘本”等等。这种概念的提出通常需要具备很强大的议题设置能力。每一次差异化的概念的提出，都是对“曹文轩文学IP”的内容建设。因为“IP”作为超级符号需要不断被赋予新的解释、新的创作，才能维持较高势能。

第二，要做足多角度开发。（1）与时俱进，将曹文轩老师的经典作品，比如“曹文轩纯美小说”系列《草房子》《青铜葵花》《细米》《根鸟》《山羊不吃天堂草》等作品，以新的装帧形式呈现给读者。（2）除了纯美小说，还需要考虑其他年龄层儿童的产品线。曹文轩最具代表性的是小说，但是图画书、拼音读物等门类也要有。只有产品线完备，才能让“曹文轩文学IP”变得丰满，吸引各个年龄层的粉丝。（3）从打造完整的IP角度来说，需要将曹文轩老师各个阶段有代表性的作品，包括在其他出版社出版过的作品，进行改造出版。

3. 以文学作品为核心，注重跨媒介的交流和互动

优质的“IP”必须具备跨界的潜质和能力，出版社打造儿童文学的“IP”，必须以文学作品为核心，与其他行业或媒介互动，拓展“IP”的价值。

为什么必须以文学作品为核心呢？因为从“IP”产业链开发的角度来说，出版社必须专注于自己擅长的领域——出版文学作品，然后，联合影视、游戏、动画等相关公司合作开发，整合好各个方面的资源。我们都知道全球娱乐巨头迪士尼公司，它拥有一系列娱乐业相关的资产，包括纸媒、图书、漫画、音乐、电视、杂志、主题公园和专利授权，所有这些资产的核心是“电影”。迪士尼通过把自己擅长的电影的人物和形象投放在其他娱乐资产上，使得这些资产可以作为电影的补充，或者作为电影价值链的延长，进行核心资产的价值最大化。

对于“曹文轩文学IP”来说，曹文轩文学作品是其核心资产，如何将这一核心资产的价值最大化，是我们必须考虑的问题。而解决这一问题的最重要的手段，就是跨媒介交流和互动。曹文轩老师优秀的文学作品完全可以改编成电影、电视剧、童话剧、舞台剧等，甚至可以借助曹文轩老师的影响力，成立文学写作等相关培训机构。

4. 设立“曹文轩儿童文学奖”，创建一个有持久生命力的、优质化的原创文学平台

优秀的“IP”可通过平台的连接形成合力。“曹文轩儿童文学奖”的

设立，将会为“曹文轩文学IP”创建一个有持久生命力的、优质化的原创文学平台。一方面，它能发掘更多有正能量、有感染力、能够传播当代中国价值观念、体现中华文化精神、反映中国少年儿童审美追求，将思想性、艺术性、观赏性有机统一的优秀原创少儿文学作品；另一方面，它能发掘和培养中国儿童文学创作的后续力量。当然，一个新的儿童文学奖的设立、养成、成熟需要一个过程，就像一个作家的创作一样，需要持久地养育。我们要把对曹文轩儿童文学的热情换作扎实有效的工作，真正发挥“曹文轩儿童文学奖”的积极作用。

5. 要以国际化的视野，打造“曹文轩文学IP”。

首先，可以邀请国外画家和曹文轩老师联合起来，共同创造作品。比如，天天出版社“曹文轩儿童文学艺术中心”的“中国种子世界花”国际合作项目，就是由曹文轩老师创作图画书文字，邀请意大利、塞尔维亚、丹麦、瑞典等国家优秀插画家创作插图，中外同时出版，并在博洛尼亚童书展、美国纽约书展、印度新德里国际书展等多个国际书展上亮相，极大地提升了曹文轩的国际影响力。其次，加大曹文轩儿童文学作品版权输出的力度。第三，要以国际化的视野进行曹文轩儿童文学作品的推广营销工作。

最后，以曹老师2016年在“全版权运营大会”上的一段话作为我的结束语：“我们所处的是一个无限延展的时代。一部文学作品不再仅仅只是一本书，它成了一个脚本，可以上演声音大剧、图画大剧、视频大剧、游戏大剧，它不停地被其他方式利用，产生了巨大的能量。”

全媒体时代文学批评的坚守与期待

江苏凤凰教育出版社　李明非

位于德国美因茨老城区大教堂附近的古腾堡博物馆，堪称世界最古老的印刷术博物馆之一。在这个浓缩了500多年印刷术历史的博物馆里，我们看到虽然中国的雕版活字印刷术早于欧洲发明，但古腾堡这个德国人却通过印刷技术的改良让世界进入了一个全新的媒体时代。在今天，我们接触到更多的新的媒介，互联网、手机、触屏媒体、数字电影电视、数字杂志、电子书等媒体和终端，纸质媒介的传统势力范围，已日益被新兴媒介打压挤占，在文学领域尤其如此。随着手机的普及，电子书的出现，使信息大量碎片化，更导致了受众碎片化，同时也深刻改变了文学作品的创作理念、传播途径、阅读方式与评论研究。文学已经不再是单纯供人休闲阅读或修身养性的工具，而是正在被全媒体时代深刻地改变。

在大众逐渐接受文学被各种新的媒介展现出来时，文学批评却渐渐淡出了大众的视野。是不是文学批评的生存环境产生了变数？大众评论或曰草根评论的兴起，潜移默化地使文学批评逐渐被边缘化？还是应该建构多样化文学批评新格局，重建文学批评的权威与公信力？如何重新让文学批评站在时代的高岗上，这不仅需要化解文学批评系统的结构性危机，也需要在发展变革中，找到应对全媒体时代挑战的可行路径及生存之道。

文学批评的生存危机

我们以往所了解的文学批评，其地位和价值往往高于文学本身。文学批评“孤冷”地对文学进行研究、探讨，既推动文学创造，影响文学思想和文学理论的发展，又推动文学的传播与接受。文学催生文学批评，文学批评又反哺文学。文学的繁荣，自然带动了文学批评的繁荣。可以说，文学批评来自文学实践，又反作用于文学实践。文学批评通过对文学作品进行分析和评论，既能影响作家对文学的理解以及文学作品创作的发展，又能影响读者对文学的鉴赏，以及文学社会功能的发挥。优秀的文学批评，不仅会对同时代某个作家的作品起到诠释、评介和指导的作用，还会对相应作家群体的创作思想和艺术倾向产生影响，甚至在某种程度上能改变一代文学风尚。它不仅能提高读者的接受能力和艺术趣味，还能促进社会和时代的审美理想的形成。

可是随着全媒体时代的到来，特别是自媒体的出现，文学的门槛似乎一夜之间降低了。网络文学以快餐、速成、拼接等方式海量涌现，文学园地充斥良莠掺杂的作品乃至异端恶搞的手法，使得文学批评，仿佛也在一夜之间模糊了批评的对象和功能。面对众多不同于传统的“异样文学”，还用传统那种批评眼光和规则，难免显得滞后和脱节。加上市场经济条件下，文学批评本身也发生诸多变化，以致形成文学创作与文学批评“分裂”的状态。现在，一方面是“写作兴旺”，文学园地显得“花团锦簇”；而另一方面，文学批评的土壤却日趋萎缩，文学批评的话语权和对文学应有的责任担当明显削弱，导致文学批评生态的恶化。当前文学批评的困境，隐含着它的生存危机，其中较突出的是：

1. 文学批评商业化　我国相当长的一段时期，曾把政治性视为文学批评的第一要素，而相对忽视了对文学本体的客观评论。改革开放以来，这种状况有所改善，讲空话的少了，敢于直面现实的多了，而且出现过不少分析敏锐的文学批评佳作。但在市场经济这股大潮下，尤其是进入全媒体时代，文学批评也面临着巨大经济利益的诱惑。文学批评商业化趋势日益加深，只顾追求“眼球效益”，缺乏思想内涵和独立见解的文学批评大量涌现。有文章这样感叹当下社会上文学批评的乱象：发布会研讨会越来越多，好作品越来越少；捧场调门越来越高，评论内容越来越空泛；软性广告越来越不忌讳，敢讲真话的人越来越沉默。这种说法也许未必准确，但文学批评存在商业化倾向，无疑是不争的现实。文学批评本该是紧贴文学作品，剖析文学现象。现在却有人为了商业利益，连篇场面话、奉承话，甚至出现“拿人手短”，不对作品细读分析，转弯抹角只为捧场。特别是有了新媒体，那些商业化的“文学批评”，更有了快捷的传播方式和渠道，这就难免玷污正常的文学批评，构成对文学批评生存的威胁。

2. 文学批评平庸化 曾有这样的比喻：文学作品像一个蹒跚学步的孩子，文学批评则是孩子赖以学步的支撑。支撑正确到位，孩子就走得稳走得远。然而在网络流行的当下，有些文学批评，无视评论人应有的学术担当，任性地玩弄词藻，模糊概念，成篇空泛议论。还有些批评文章，刻意故弄玄虚，堆砌术语，晦涩难懂，表面上很有学问，实际上根本没有深入的学术思考与价值评判，更谈不上有什么创新的见解。更有甚者，不惜把网络上的低俗吐槽也塞进评论，还贴上“接地气”的标签。因为会炒作，一时博得较高的点击率，就自以为代表了“民意”。这种把平庸化当作“时尚”的文学批评，不仅失去了评论的品质和风骨，更招致读者生厌，导致文学批评权威性和公信力进一步丧失。

3. 文学批评疏离化 文学批评本应同文学创作与阅读受众紧密相联，但出于主客观诸多原因，造成当今文学批评两端都疏离的倾向。随着文化多元化和传播数字化进程的加快，文学创作的表现和传播方式，也发生很多变化。网络、手机、微信、动漫等新文学形态的兴起，引发了写作目的和手段的变异，以致模糊了文学批评的对象和价值判断。有些评论文章，为了显示时髦，把西方文学批评理论，诸如结构主义、解构主义、原型批评、符号学等，生硬地搬来解读中国文本，因“水土不服”造成言不对路。评论人觉得写作杂乱不靠谱，写作人又对评论人肤浅离题的批评予以蔑视。这一来，使得文学批评与文学创作日益疏远了。

再从读者方面来看，许多人出于对文学批评商业化、平庸化或者故作清高的反感，也使文学批评更加受到读者的冷遇。这种疏离的结果，不仅削弱了文学批评固有的严谨性，甚至导致文学与当代社会现实的疏离，反过来，又会加深文学批评生存的危机。

文学批评功能的再认识

传统文学批评学，把描述、阐释、评价、规范，列为文学批评的四大功能。纵观当今世界文坛，许多人都把美国《纽约时报书评》视为文学批评的“圣经”和“标杆”。其原因就是其书评，充分发挥了这些功能的综合作用。现实中，文学界和文学批评界，对文学批评的功能，存在着不同的解读。通常指望文学批评回答的有：写什么，怎么写，是什么，为何是这样，期望什么，暗喻什么，缺了什么，等等。这些当然都属于文学批评广义的功能范畴，但不可能要求样样都回答。不同的解读，就会有不同的侧重点。特别是在文化日益被商业侵蚀的环境下，文学批评的功能也出现了异化。有的把书评当作图书营销的手段，有的把评论当作发泄情绪、炫耀自我的喇叭，有的则利用评论借题发挥，诋毁张三，吹捧李四，如此等等。有人甚至认为，现在是开放的网络时代，文学批评没有也无需规则，想怎么说就可以怎么说。这种种都是对文学批评认识上的误区。时代在发展，文学批评的功能有变化，会发展，这很正常。如强调为政治服务这种过时功能应予扬弃，但有些功能则必须坚守和延伸。这当中，当下尤其要倡导对话与争鸣。

先说对话。笔者赞同这样的说法：“写书评不仅仅是为了简介，是为了质疑、争辩、对话。”文学批评的任务是繁荣文学事业，它的主要职责，在于阐释、评价和监督文学作品及其产生的背景和过程。这就要求写作人与评论人两者进行多方位的对话。既要有文字载体的对话，也要有学术观点的对话，更要有思想精神的对话。健康的文学批评，双方对话人应该是：人格平等，眼光平视，话语权等同。坚守这样的对话，有助于文学批评少受非理性因素干扰，从而维护严谨性。

倡导对话，还能促进双方对文体理解的信息传递。精英评论、媒体评论和草根评论，这些不同评论人所持观点和发出的信息，存在明显差异。有了准确顺畅的传递，能更好体现出不同评论人的个性，这有助于促进写作人、评论人和读者之间的共鸣。笔者曾听过德国著名独立书评人Christopher Schroder的一次讲座。他提到：文学批评家对如何推荐畅销书失去了意义，但对呈现经典还起着不可缺少的作用。当远离喧嚣尘世，透过时间留下的经典，人们会看到文学批评还在塑造这些经典作品。所以文学批评，既是文学的守护者，也是传递者。它在书商、出版商以及其他文学推广机构间所起的传递作用，更是不容忽视。

再说争鸣。学术争鸣在文学批评中的重要意义不言而喻。有批评就会有争鸣，争鸣本是文学批评中的常态，只是当前的争鸣，也出现新的形态。一种是重学术与重商业的碰撞。那些学院派的争鸣文章，往往大套理论，名词堆砌，长句叠加，虚词繁复，这种重学术的传统模式，正面临重商业的挑战。后者因出版商营销的需要，常借争鸣来炒作。有的故设话题，授意双方争论；有的刻意先贬后扬，小批评大赞扬；有的脱离文本，却在书外枝节花边新闻上争论，以吸引公众眼球；更有的连书都没读，仅靠前言或简介就参与吹捧。

另一种是精英评论与草根评论的对垒。精英评论曾拥有争鸣话语权的优势，但进入网络时代，草根评论应运而生，尽管不被传统所认同，但他们能熟练运用广受欢迎的网络语言，也会嫁接传统精英的话语习惯，比起精英更能留住和吸引读者。如今网上的争鸣，正改变文学批评的固有格局。草根评论什么声音都有，有不少争鸣甚至变形走了样。如你批他“八股”，他批你“八卦”；你用狠话“吐槽”，我从缝里“找茬”。上述两种“正规军”与“散兵游勇”的文字博弈，突显出当前争鸣中的乱象，也折射出文学批评功能被扭曲和滥用的后果。文学繁荣需要的争鸣，是重事实，讲道理，明辨是非，文明的争论。这是倡导争鸣中，必须遵循的起码规则，应该成为评论界的共识。

文学批评的担当与期待

病态的文学批评，对文学繁荣无疑会造成巨大伤害，有识之士都在关注和期待，在全媒体时代实现文学批评的规范与健康发展。对此，笔者提出几点设想，拟向方家求教。

首先，要强化评论人文化担当的意识。凡有志或热心从事文学批评的人士，不论学院派或大众派、精英或草根、纸质媒体或网络传播，都必须秉持对作者、读者负责的高度责任感，以及促进文学事业繁荣的使命感，多读书，勤思考。拒绝商业诱惑，远离喧嚣炒作，摒弃低俗语言和“灌水式”、“板砖式”的娱乐化批评。既反对误人的“捧杀”，也反对伤人的“棒杀”。倡导写书、出书、卖书、评书、读书等文化链上的各方，消除壁垒，构建上下游之间的良性互动，从而重塑全媒体时代，兼具创新与和谐的文学批评格局，

其次，大力加强文学批评的权威性和公正性。《纽约时报书评》所以有威望，其中一个原因，就是得益于他们建立有“独立书评人”制度。这些书评人，不仅有学问，而且没有商业背景，还重视职业道德，所以他们的文章，能有很高的可信度。欧洲文学出版大国德国，在这方面也走在前列。反观我国的评论报刊，大多依赖广告收入维持生存，谁给钱难免要替人家说话，这无疑削弱了某些书评的客观性与公正性。在目前体制下，这种现状还一时难以改变。但即使这样，还是应该要求媒体力争有更多客观公正的评论。应该赋予文学评论版编辑更大的用稿自主权，提高他们对作品的判断和审美能力，让他们有眼光有权力拒绝太离谱的“人情稿”、“关系稿”，尽最大努力维护文学批评的纯洁与威信。

再次，重视精英批评与网络批评的互补与融合。2015年统计显示，我国现在全年正规创作的长篇小说约有2000部左右。至于网络文学，用户有2.97户，签约作者250万人，每日创作的文字多达1.5亿字。其中有不少被

出版、影视、动漫、游戏业采用，2013年北京还成立了一所“网络文学大学”。网络文学已经形成一项新兴产业，这是全媒体时代文学批评不容漠视的庞大队伍。

以前许多人觉得网络文学不登大雅之堂，网络文学批评也多遭人蔑视。现在面对网络文学的迅速兴起，上述偏见必须加以改变。网络文学包括网络文学批评，当然存在这样那样的不足，但它的某些长处，却是传统创作与传播远远比不上的。就传播效果来说，现在一句来自微信群朋友圈里的推荐，甚至远比媒体几个版面的评论更有感召力。在微博、微信、微小说、微影视日益流行的“微时代”，很有必要发挥精英批评与网络批评的各自优势，去芜取精，扬长避短，跳出“圈子化”，促进两者的互补，实现双方有效的融合。只有这样，才是文学批评克服危机寻求生存之道。

最后，要用严肃文学批评引导离谱文学批评。文学批评存在的乱象或生存危机，想靠行政或经济手段来遏制，恐怕都难奏效。相对而言，最好以其道还击其身，也就是重视开展严谨、公正、有说服力的评论，通过竞争、排挤，最终达到替代劣质离谱批评的目的，逐步重拾文学批评自身价值，开创有序、协调和兴旺的文学批评新局面。

K
0,2
6,3

由德国书业生态浅析中国文化输出的挑战与契机

江苏凤凰职业教育图书有限公司　刘　频

初冬的日子里，阳光和煦，德国小镇里鲜花开放得依旧绚烂无比。空气纯净、清凉，在德国学习的日子里，除了每日紧跟课程安排以外，深深地感到我们自我感觉良好的大国文明，陷入不被他人“care”的迷茫中，我们自己有很多优秀的文化作品，为什么“歪果仁”不感兴趣？为什么他们总是喜欢一些文化猎奇的内容，比如描写民国的，描写旧中国封建余毒的，或者是对所谓“自由派”人士的各种流亡日志，要么就是对诋毁我国各种政治、政策的内容感兴趣。为什么他们不引进我们喜欢的武侠小说，为什么充满想象与文化特征的中国武侠或者经典没有成为“哈利·波特”，为什么能引起都市年轻人共鸣的作品《蜗居》没有输出版权？为什么同样闪烁着“人性”光辉的作品，感动我们的同时，不也应该感动着世界么？

这似乎是一个很难一下完整回答的问题，因为文化的输出，有很多的环节，除了要有好的内容之外，我们的体制、机制是不是充分适应了形势的需要，我们的输出路径和模式是不是能很好地发挥作用，我们的文化输出人才培养是不是到位，有没有这样一批优秀的译者，为中国的文化嫁接起通畅的桥梁，以上种种缺一不可。即便是以上种种都考虑到，并且努力完善了，我们还需要时间，需要海外接纳和希望强烈吸收中国文化的需求慢慢培养和成长起来，需要有一个强有力的抓手，可以更快捷地超越其他的竞争对手，使我们的文化能有一个附着的载体，更快更好地被世界所接受。但归根结底，这些都要建立在中国的崛起与强盛的基础之上。国强则文化强，文化强则国越强。西方也才能正视我们的存在，而不仅仅是各种猎奇的心态，在窥探着我们的文化，片面狭隘地曲解我们生活的环境。

就近十年中国的成绩来看，我国的版权输出已经有了很大的进步，但总体来说我们的文化实力和目前中国居世界第二的GDP地位是不相符的，德国的GDP居世界第四位，我国的GDP自2010年以来排名世界第二位，看到中国经济崛起的同时，我们也看到中国出版、文化崛起的重要性。自2006年国家提出《文化振兴纲要》以来，我国新闻出版业“走出去”成效显著。版权贸易逆差已经由 10 年前的15：1 缩小为今天的 1.7：1，对发达国家的版权输出 10 年间增长了 77.65 倍，一批反映中国梦、中国道路、中国模式、中国经验的主题图书进入西方主要国家的主流人群。

我也相信，随着中国经济的腾飞和综合国力的增强，会有越来越多的人关注中国的文化，关注中国。很简单的道理，就好比德国是学校里成绩优秀的学生，那么其他的同学就会想知道他是怎么学习的，他的学习方法是什么，如果我这样学，是不是学习成绩也能提高。在期望不断变好的日子里，我们需要借鉴和吸收同仁们的一些好的经验。

德国是出版的传统强国，有着十分完善的书业制度，行业协会、书业基金会；门类齐全的各种图书奖项，如德国图书奖、儿童文学奖、颁给译者的奖，甚至还有专门颁发给女性作者的奖项；高效的发行体系；世界上最大的图书展会——法兰克福书展。以及整个国家人民对读书的热爱，据调查83%的德国人，每年至少读一本，其中每5人每年读18本书。值得注意的是，他们书业体系从孩子出生就开始了，德国人非常重视培养孩子的阅读习惯，整个出版行业的发展，充分考虑了每一个细小的环节，充分考虑了人的主导因素，因此他们成为欧洲的出版强国一点也不奇怪。

对比发达国家如德国和日本，同是非英语语言国家，都非世界的强势文化，但两国国家的文化输出情况和影响力与我国相比做得更好，这是为什么？这里我们要看到两个方面的问题。一方面是德国和日本作为曾经排名世界第二和第三的世界强大经济体已有30～40年的时间，在文化输出方面已有多年的积累和努力。德国的特点一方面在于政府的重视，其次是整个书业生态环境优良，结构完整，充分照顾到了文化的多样性，他们鼓励文化多元，甚至照顾小众的文化消费。日本的特点在于，有突出的着力点，依托漫画，不断向外辐射。这都是值得我们借鉴和学习的地方。第二是中国作为新生力量，在文化输出的体制、机制、人才保障，输出路径上仍需不断完善。作为新崛起的力量，我国版权贸易也在逐年不断的发展壮大，不仅积极吸纳西方的优秀文化，更努力将中国博大精深的传统文化，介绍推广到世界各地。

随着中国的崛起和日益强盛，文化软实力的输出，与我国大国地位的匹配，就显得尤为重要，因此近年来对于如何向世界展示博大精深的中国文化，如何向世界介绍中国，成为我国领导人和学界越来越关注的问题，通过在知网数据库查找有关版权贸易的论文，大多数观点认为输出的难点在于两个方面，一是历史原因；一是输出路径。

一、历史原因

1. 文化背景不同

中西方的文化差异、思维的差异会导致文化认同感、文化接受程度的不同，因此一本图书是否畅销，是否能被民众所接受，取决于图书内容的文化认同感。因此相比较而言，欧美之间的版权贸易融合程度会比中国好得多，这不仅仅是因为他们的组织更完善，开展时间更早，最重要的是文化背景的相似性，和文化认同感的一致性。

2. 语言的壁垒

我国闻名语言学家王力先生曾经说过："就句子的结构而论，西洋语言是法治的，中国语言是人治的。"字母语言重结构，而汉语重语义，差异可见。在德国会说德语和英语的人比比皆是，在我们接触到的众多出版人中，几乎都能够熟练、流畅地运用英文交流、演讲。因此，寻找到好的翻译者相对会比较容易。对彼此文化的深刻理解，能更好地站在对方的文化视角，精准地翻译和阐述译作要传达的内容。由于英语和德语属于同一语系，因此学习起来更快捷。与此不同的是，很多的西方人在学习汉语的时候都觉得非常难，不同的语境下，同一句话的意思有可能截然相反。这就要求深刻理解彼此民族文化特点。

二、输出路径

笔者认为，随着近年国家对文化输出的重视，大力推动文化发展与文化繁荣事业，输出路径将不再是我国文化输出的难点问题。

首先，国内版权输出、输入主要通过书展、网络平台进行版权贸易是大部分出版集团进行贸易谈判、交流往来的重要方式。出版社与国外的出版机构广泛的建立合作关系，并且保持密切的贸易往来，使得文化输出长久可持续发展。其次，通过并购出版企业或项目合作进行文化输出方式也频频上演，如中国出版业最大的跨国并购项目，凤凰传媒对美国出版国际有限公司（简称 PIL）的并购，一举获得其分布于美、欧、亚、澳四大洲 7 个国家的有声童书资产与业务，未来还将通过这个平台陆续将中国的原创动画经典带向美国；广西师范大学出版社出版集团 200 万美元收购视觉出版集团；浙江少儿出版社收购澳大利亚新前沿出版社；人民卫生出版社收购加拿大 BC 戴克公司的全部医学图书资产等，都是出于各自对建筑、童书、医学等产品体系“出海”的需要。中版集团与企鹅兰登集团合作出版的“中国历史文化与当代生活系列”，也将借助企鹅兰登集团的销售发行渠道进入西方主流市场。再者，随着中国经济的崛起，世界各国学习汉语的人越来越多，因此通过语言学习，输出文化和读本，也是文化输出工作的重要途径。

通过以上各方面工作，我国在输出路径上，已找到了较多、较好的方式，路径的瓶颈随着文化输出工作的不断深入，将不再成为难点。

三、中德2015年输入输出数据分析

德国书业生态发展良好，其在政府管理部门、行业协会，以及对作者、译者的保护和支持上都有较为完善的体系，他们的图书输出、输入比例也较为合理于我们，因此，我们来观察一组数据，从而看清我们还需要优化的方面：

2015年德国版权贸易情况			
输入	英语	60%	9454种
	法语	10%	
	日语	7%	
	其他	23%	
输出	中文	15%	7521种
	英文	7%	
	西班牙语		

2015年中国版权贸易情况			
输入	英语	50%	15973种
	法语	6%	
	德语	5%	
	日语	11%	
	韩语	5%	
	台湾地区	7%	
	其他	17%	
输出	英语	20%	8865种
	德语	4%	
	法语	2%	
	日语	3%	
	韩语	%	
	台湾地区	19%	
	其他	45%	

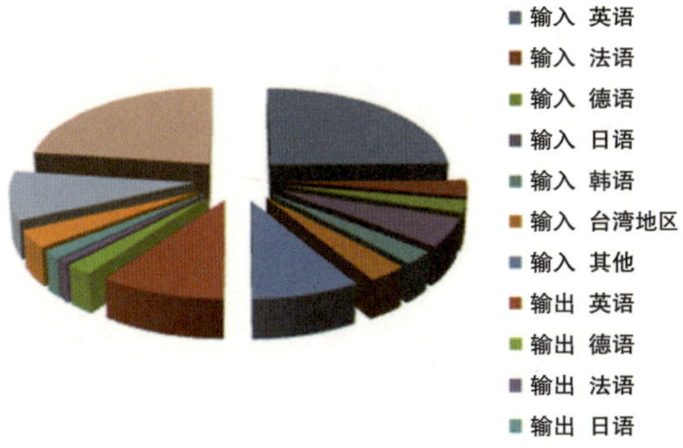

由以上对比的数据我们可以看出，德国虽然出版的体量小于中国，但输出输入的比重逆差较小，且全年输出的种类相比中国，只少一千多种。和中国一样，输入的版权中英文占有绝对的比重；输出的内容中，在德国中文是占有比重最多的，英语次之。而中国的主要输出是英语20%，其他的为亚太经济带，主要是东方文化的国家。

由此也可以看出我们的文化输出之旅还有很长的路要走，输出输入比重还十分不平衡，从经济强国走向文化强国，还有许多亟待解决的问题。

四、中国文化输出优化策略

在笔者查找的有关输出工作的建议中，大多集中在对体制机制保障、人才保障、输出的路径与方式方面进行阐述。总结各方面的经验，在趋于完备的体系中，在一条笔直的道路上想要超越对手是非常困难的，因为大家都非常的努力，而且别人的基础还优胜于你。我们是不是可以设想一下，如何依托网络，运用这个平台来输出我们的文化。就好比日本的名片是漫画，我们的平台也可以成为中国的符号，中国的名片。因此，有三点是我认为对今后推动我国的输出工作有着非常关键的作用：一是提升书业生态环境；二是网络与数字出版的推动作用；三是人才的保障。

1. 提升书业生态环境

相比西方国家而言，我们的体制是有优势的，这就是为什么我国在短短的几十年间，经济、政治、文化、军事、科技等综合实力飞速发展，一跃成为稳居世界第二的经济大国的内在原因。以国家意志推动文化事业的发展，必然在保障机制上有众多的改革和保障。因此2009年，我国第一部文化产业发展专项规划——《文化产业振兴规划》经国务院审议通过并发布，标志着文化产业已经成为为国家的战略性产业；2010年，新闻出版总署出台《关于加快我国数字出版产业发展的若干意见》，提出要把数字出版产业打造成出版业的支柱产业。这些文件的出台，为文化输出工作，提供了体制以及机制上的保障。接下来我们需要对比和借鉴国外的先进做法，不断去完善行业的管理规范，不断细化引导行业良性发展的举措，我们的书业环境就必然会稳步提升。

2. 依托网络平台，数字出版技术实现快速发展

网络技术的发展给包括版权在内的整个出版业带来了革命性的改变，版权的内涵和外延亦随之发生变化，数字版权等新的形式给传统版权注入新的内容。随着新媒体的不断发展，网络与数字化给出版业带来了许多的挑战与机遇，中国虽然起步比较晚，但是发展十分的迅猛。就好比中国的高铁事业，中国的互联网事业，中国的电商，十年间已是翻天覆地的变化，引领着世界的潮流。因此，我们需要开发一个有效的一站式平台来推动版权输出工作。借鉴日本的经验，他们依靠漫画作为突破口，不断推动文化输出。而我们需要通过先进的互联网交易平台，对接中国书业，寻求突破口，推动中国文化“走出去”。下面我们来看两组数字出版的数据：

2012–2015年部分国家数字出版增长比例（表一）

年份＼国家	美国	中国	德国	日本	英国	法国
2012年	1.30%	11.30%	0.80%	−2.30%	5.40%	−1.20%
2013年	−3.50%	9.00%	0.20%	−2.00%	−2.30%	−3.00%
2014年	4.60%	6.00%	2.20%		−2.20%	−1.30%
2015年	−2.60%		1.40%		1.00%	1.50%

我国统计数据（表二）

年份	年度收入	增长比例
2012	1935.49	40.47%
2013	2540.35	31.25%
2014	3387.7	33.36%
2015	4403.85	30.00%

虽然统计的口径不一致，数据的高低有一点区别，但整体而言我们可以看到，近年来数字出版在发达国家有上升或下降等反复或者放缓的趋势，但在中国数字出版一直是保持正向发展的，虽然也有放缓的趋势，但是势头依然十分强劲。这是因为一方面我国互联网技术起步迟，上升空间巨大。另一方面这也是中国的一大契机，运用新媒体技术，实现弯道快速发展。我们要以互联网、数字出版为龙头推动产业的大发展、大繁荣。建立一站式版权贸易平台，开发在线教育产品，通过数字出版推动文化输出工作的跨步前进。

3. 拥有和培养一大批专业化的人才是实现文化输出的保障

德国出版业的发达，离不开德国人对文化的重视，对培养孩子阅读、养成良好学习阅读习惯的重视。拥有良好的书业环境的根本在于拥有高素质的人才。我们要想做好文化输出工作，拥有和培养一大批专业人才是关键。出版社要做好版权输出工作，一是需要有一支业务精，具备国际化视野和优秀策划能力的编辑队伍；二是需要培养一批拥有语言优势，懂得国际版贸经验的版权贸易人员；三是要建立优秀译者人才库。

同时通过参加国际书展，并购海外企业，与外方合作开发新选题、新项目等一切机会，不断地提升和培养编辑、业务人员以及译者的能力。

总体而言，在看到差距的同时，我们也要看到自身的优势，依托良好的政策环境，培养一大批拥有良好专业素质、国际视野、语言能力并精通版贸业务的人才。以新媒体技术为载体，以中华文化为内涵，推动我国文化输出事业不断向前，实现从经济大国到文化强国的迈进。

接受理论视域下中国当代文学“走出去”研究
——以在德国的接受为例

译林出版社　王玉强

一、中国当代文学在德国的接受情况

在全球化以及中国文化“走出去”战略背景下，“积极开拓国际文化市场，推动中华文化走向世界”成为“十一五”时期以来文化发展的重点之一。文学，作为文化的丰富载体，其在世界范围内的译介与接受也是提高中华文化国际影响力的重要途径。在德国，中国文学的译介与传播从19世纪末就开始了，粗略估计至今已经有一千多种中国文学作品被译成德文。德国汉学界翻译中国文学作品最多的是在20世纪20年代、50年代和80年代，顶峰是在1987年，这一年里翻译的中国文学作品达四十部之多。这些译介作品成为80年代以后德国了解中国，建构中国形象的一个重要媒介。

虽然中国当代文学在德国的图书市场一直处于边缘状态，但中国当代文学的翻译与推介在不断向前发展，尤其是中国作为主宾国参加2009年法兰克福书展以及莫言获得2012年诺贝尔文学奖给中国当代文学在德国以及世界的传播带来了巨大的推动力。据法兰克福书展主席博思（Juergen Boss）介绍，2009年法兰克福书展展出300本当年翻译出版的中国图书，邀请 100位中国作者出席。德国著名国际文学杂志*Litprom*主编Anita Djafari女士介绍，截至2016年10月，该杂志网站数据库可以查到389种在德国翻译出版的中国当代文学作品。

德国读者青睐三类中国现当代文学作品。第一类是如余华、莫言、张爱玲等著名作家的作品，这类作品可以说是世界文学，适合全球读者口味。第二类是介绍中国特色的、近现代发展情况的作品。第三类是刻画中国现代社会某种现象的作品，如韩寒等。

诺贝尔文学奖获得者莫言是德国读者最喜爱的作家之一。在获奖之前，他的许多作品已经被译为德文出版，如Peter Weber-Schäfer译的《红高粱家族》、Andreas Donath 译的《天堂蒜薹之歌》、Peter Weber-Schäfer译的《酒国》等。这些译作在他获奖之后多次再版。余华的《兄弟》《活着》和《许三观卖血记》等小说在德国拥有大量的读者。先锋作家李洱在德国也享有很高的评价。德国文学记者Iris Radisch评价他的史诗作品《花腔》是“中国历史进程中的伟大一章”。

德国汉学家还关注女性文学反映社会现象的特殊方式，陆续译介了张洁、张辛欣、张抗抗、茹志鹃、陈丹燕、王安忆和铁凝等著名作家的作品。张洁的《沉重的翅膀》德文版印数达数万册。中国当代文学有许多风潮，其中也包括偶像文学，以郭敬明和韩寒为代表。他们在德语国家也收获很大的关注。虽然这些年轻作家在中国很畅销，但是德国出版商只是挑选德国读者会感兴趣的书。此外，近些年来，一些生活在国外的中国作家在写作时侧重考虑外国人（即西方读者、评论家、汉学家等等）的鉴赏标准，如哈金、戴思杰、张戎、 闵安琪、虹影、裘小龙、山飒等，在德国也比较成功。

不过整体上说，中国当代文学在德国的接受参差不齐，德国文学界还没有系统地接纳中国当代文学。

二、接受理论对于中国当代文学“走出去”的启示

20世纪60年代崛起于联邦德国的接受理论把读者及其与作品的关系作为首要研究对象，充分肯定读者在实现文学作品的意义和审美价值过程中所具有的决定性作用，从而第一次把读者推到了整个文学活动的中心。其代表人物是汉斯·罗伯特·尧斯和沃尔夫冈·伊泽尔。接受理论中的诸多观点，如“期待视野”“视野融合”等，同样可以用来指导中国文学“走出去”工作，对“走出去”工作实施者发挥主体性，尊重市场选择，充分考虑读者期待视野，从而促进文学作品在异域的接受与传播具有较强的启发意义。

1. “走出去”的目的在于接受，“走出去”更要“走进去”

我们通常所说的“文学作品”即接受理论中的“文本（text）”。在接受美学看来，文本只有通过读者的阅读，以其感觉和知觉经验将文本中的空白填充起来，才能将文本所展示的未完成的图式结构完成，使其未定性得以确定，从而实现意义的表达。也就是说，文学作品只有通过读者的阅读，才能够进入一种连续性变化的经验视野中。因此，文学文本的意义和美学价值只有通过读者的具体化才能实现；完整的文学过程必须是创作过程和接受过程的统一，是作者和读者共同完成的；没有读者的参与，文学作品的生命力就无法得到延续。可见，如果文学作品走出国门却被藏之高山，或者虽然印行于世却无人问津，那么它就只能作为文本而不是作为文学作品存在着，其走出去的价值和意义根本没有得到实现。

中国作家写出来的作品，当然首先是给中国读者欣赏的，但也希望能够翻译出去让更多的外国读者阅读和欣赏。优秀的文学作品，必然会具有一种普遍性。这种普遍性建立在作家对人的深刻理解的基础上，也是文学能够走向世界的根本原因。莫言的德文译著多次再版，乃是因为“他的作品始终深深扎根于乡土，他的视野亦从不拒‘外来’……他讲述的中国故事，洋溢着浑厚、悲悯的人类情怀”。余华的小说《兄弟》精装本印行了约两万册，可以说已经成为德国人了解中国社会的必读书目之一。这些优秀文学作品不仅深受国内广大读者的喜爱，也深受一大批国外普通读者的喜爱。它们是中国当代文学真正走出国门，落地开花，走进异域受众内心，实现作品文学价值和社会价值的典型代表。

2. “走出去”的中心在于读者，“走出去”工作应正视并接受读者的选择

根据接受美学的观点，人们对于文学文本的接受总是从审美主体的期待视野出发的。与此相类似，人们对于文学作品的接受其实也总是带着自己的期待视野。这种期待视野也是一种“先入之见”，是读者在进入阅读活动之前已有的对于所读文学作品的预先估计和阅读期待，是一种预先存

在的阅读意向。从阅读主体的角度而言，期待视野决定了读者对于文学作品的选择，决定了读者对阅读重点的选择，也决定了读者对阅读内容的理解与评价。“走出去”工作必须尊重读者的主体性地位，必须尊重读者的兴趣、爱好、需要和动机，必须正视并主动接受读者的选择，这样才能实现真正有效的走出去。

近年来，随着“走出去”步伐加快，国内大量出版读物纷纷走出国门，成为让世界了解中国的重要载体。如果不精通海外市场的“游戏规则”，不了解海外读者的阅读兴趣、需求和选择，不能让这些作品接上当地的“地气儿”，这些作品很可能“水土不服”，折戟沉沙。

德国学界和读者渴望从中国文学中摄取的，正是与日耳曼文化相异的因素，通过对德中文化差异部分的诠释，获得一种对于自身文化互补互参的东方途径。这或许才是他们对中国文学和文化保持长久兴趣的最大原因。

以中国作家阿城在德国的接受为例。阿城在德国颇受关注与欢迎，与他本人及其作品拥有被德国读者多样解读和不断诠释的种种特质密切相关。阿城，作为中国对象本身，同时也是中国故事叙述者和中国传统精神传播者，或者是以上更多的几种身份合而为一的文化象征者，其人、其作蕴含着比一般当代作家作品更多的阐释空间和言说内涵。阿城《棋王》中那些年轻鲜活的生命在贫苦迷茫的年代，依然生气勃勃，也善于苦中作乐，蕴含在小说中的无为而为的入定态度和乐观豁达的精神力量，实在令深陷后现代异化之途的西方人心驰神往。

此外，阿城的小说语言呈现的也是道家淡泊超脱的神韵，浅近晓白中蕴含深意。在德国汉学界赞誉颇多、影响颇大的其他中国当代作品，如陆文夫的《美食家》、冯骥才的《神鞭》、邓友梅的《烟壶》等小说中，类似的语言特征也非常明显。阿城既具个人化又具代表性的生命经历与体验，其小说中超前的现代意识和浓厚的道禅神韵，暗合了欧洲读者对于现实中国与传统中国的多重阅读期待，集中了中国文学作品受到海外汉学界褒扬的诸多典型因素。

3.“走出去”工作须持续创新，顺向并适度超越读者的期待视野

读者接受异域作品的每一过程，都是主体依凭本民族的文化心理结构对作品进行的民族性再创造活动，也是赋予作品以新的生命和文化涵义的过程。读者在阅读作品，获得审美愉悦，得到审美满足的同时，期待视野获得进一步扩展，如此循环往复，读者的思维定向便会越来越丰富，期待视野越来越广阔，接受面也越来越宽，对文本的要求也会越来越高，从而有力地推动着文学活动的发展。

纵观德国汉学视野中1980年代以来的中国文学，德国视野中既有的中国形象，构成了德国读者对于中国当代文学的文化预设和阅读期待，这导致了出版社在出版中国当代文学时，不得不出于市场经济的考虑，去迎合普通读者对于中国的想象，这些想象要么是有关中国女人、性、犯罪、落后、专制等丑化性质的内容，要么是有关神秘、唯美、香格里拉等美化性质的内容。典型的例子如卫慧、木子美的作品。出版社为了销售量，不惜重金宣传造势，“中国新锐女作家”“中国大陆遭禁”的宣传字样随处可见，招致许多汉学学者激烈的批判，认为所谓“美女作家”的“身体写作”不能代表中国文化的深度与美感，更无法给予当代德国文化反思自我缺失的借镜与拯救自我困顿的希冀。幸运的是最近二十年来，德国出版界保持并促进了传播中国文学的优良传统，出版了许多在艺术审美方面有相当高水准的中国当代文学作品，如阿城、苏童、刘恒、莫言、残雪等著名作家的作品，适度超越读者的期待视野，促进了中国当代文学在德国的接受。事实上，中国文化“走出去”战略要求中国文学“走出去”在一定程度上应当为形成积极、正面的国家和民族形象而努力。“走出去”的作品应该有效展示真实的文化形象，引导和丰富国外读者的期待视野和阅读体验朝着公正、健康的方向发展，以期增进理解，求同存异。

三、中国当代文学“走出去”的相关建议

1. 发掘优秀文学作品，培育卓越文学品牌

文化能不能走出去，主要看文化的内容有没有吸引力，能不能得到其他文化体系的认同。因此，在大力发展文化“走出去”战略的同时，要重视自身文化建设，增强自身文化实力，使走出去的文化更具吸引力和穿透力。优秀的文学作品既是世界的，又是民族的；既具普世纬度，又具民族特性。只有当千姿百态的中国文学作品不再仅仅被当作了解中国的档案和满足“猎奇”心理的材料，而是因为自身的价值被世界各国人民广泛阅读并喜爱时，中国文学才真正走向了世界。中国当代文学走出去，要在纷繁多象的世界文坛发出强有力的声音，必须要发掘优秀的具有国际视野的文学作品，率先培育一批知名度较高、实力较强的作家和作品，提高品牌作家的竞争力和影响力，从而推动中国文学和中华文化走向世界。

2. 培养专业文化人才，加强人才队伍建设

中国当代文学要走出去，还需重视培养专业文化人才，包括翻译、版权经理和版权经纪人。许多中国文学作品无论是背景设定，还是书写习惯上都具有鲜明的中国特色；脱离对中国文化的了解，中国文学很难真正被海外读者所接受。这就需要培养一批具备很深的中西文化积累，对文本、目标语读者以及历史、文化语境有非常理性的认识和准确判断力，能够掌握目标语读者的期待视野，有着很高的文化自觉意识和文化素养的翻译。此外，有着一定国际背景和一定国际出版经验，熟悉中国国情，能够很好地与外方沟通的职业经理人以及成熟的版权经纪人也是中国文学走出去的重要保障。因此，中国文学走出去，要不断加强人才队伍的建设，针对高端翻译人才、有国际背景的职业经理人、版权经纪人等“走出去”亟需人才，在建立科学有效的选拔培训机制的基础上，加大培养力度，完善落实政策，壮大队伍力量，从人力资源上保障我国文化“走出去”战略的顺利推进。

3. 拓宽传播渠道，增强推广力度

国家之间的文学交流与文化传播，是不同文化体系之间的交流与融入。在这个过程中，将会面临文化差异、思维差异、语言差异等。因此，应当尊重文化传播规律，以国外民众能够理解的语言和乐于接受的方式开展文学交流与文化传播。中国当代文学“走出去”应当建立起以市场为主要导向的文学传播机制，建立健全文学代理人体系，建立健全职业出版经纪人制度，从而在作者、译者、出版社、市场与读者之间架设起良好的互动交流平台。要采取切实有效的措施，建立作家与译者、经纪人与出版社之间稳定的关系，进行深入的交流，加强对不同文化传统的国家或地区的图书市场、读者的审美期待和阅读习惯的研究。在把握市场规律的大前提下，充分利用海内外各类主流出版社的各种资源优势，为中国文学“走出去”在翻译选材和出版流通方面发挥作用。

中国文学走向世界，不仅仅是文本的翻译与出版的问题，还要关注新技术对于文学传播所起到的特殊作用，调动各种媒介手段，形成各种媒介的互动，如小说改编的电影在中国文学走向世界进程中就起到了非常大的推动作用。如阿城在德国及海外的影响，就与陈凯歌电影的推广关系密切。从莫言、苏童等作家在国外被接受的过程看，陈凯歌、张艺谋早年执导的走向国际的电影，为这些小说原作的海外接受提供了重要契机。此外，五洲传播出版社建成的多文版中国数字内容运营平台，上线销售图书3000余种，内容涉及英文、西文、阿文、法文、德文、俄文等近20种语言文字。这是利用数字化助推“走出去”模式和渠道突破的积极尝试。

中国当代文学要真正走出去，必须要考虑到国外读者的阅读需要和审美兴趣，考虑到作品是否能在西方世界得到广泛的认可、接受和传播。要力戒焦躁的心态或强加的心态，为了世界文化的繁荣与发展，敞开心灵，开拓疆域，消除误解，加深理解，消除冲突，促进沟通，在相互交流中不断丰富自身，进而共同发展，在共同发展中实现世界多元文化的和谐共存。

Börsenverein des
Deutschen Buchhandels
FRANKFURTER
BUCHMESSE
mvb

从日漫在德国的流行看中国文学走出去的策略
——浅谈网络文学在文化传播中的潜力

缪　莹

引言

20世纪末经济全球化的浪潮席卷全世界，缩短了国家与国家之间的距离；进入21世纪以来，互联网的高速发展进一步打破了文化的地理疆界，交流的通道一再被缩短，一切似乎都变得唾手可得。特朗普发表在推特上的言论几秒钟之内可以扩散到全世界；eBay、淘宝等购物网站连接了全世界的消费者，足不出户就可以获得世界各地的商品；热点足够的电影或是新书采取的是全球同步首发方式，有电子信号覆盖的世界角落，就有文化产业的受众。

在交流如此便利的21世纪初，中国文学在海外的影响力仍然没有得到明显提高。美国汉学家、莫言作品的英文译者葛浩文2014年在华东师范大学举行的中国当代文学研讨会上指出，中国文学在国际上的影响力不如日本、印度，甚至不如越南。在海外行走过的中国人都会发现，非汉语区的书架上或许有日本、印度的书籍，但鲜有来自中国当代作家的英译作品，即使有也多为生活在海外的或是华裔作家的作品。我们不得不反思：为何文化交流愈加便捷，阻隔中国文化走出去的那堵墙却依然存在？我们又将如何打破或绕过这堵墙呢？

中国文学在当代德国的推广情况

澎湃新闻在2016年的法兰克福书展上采访了德国柏林苏尔坎普出版社版权部亚洲区的负责人Hardt女士，提出了“为什么中国作家在德国受到的关注很有限”这一被Hardt女士认为是“敏感”的问题。Hardt女士首先指出，在中国与德国的版权交易中，版权的输出与输入非常不成比例。

据中国出版传媒商报发布的德国2015年书业统计数据，中国在2015年购买了1514种版权，带来了德国2015年度版权输出的高增长，占据了当年版权输出的20%左右，但反过来德国所购买的中国版权则非常少。德国2015年翻译类新书品种为9554种，主要来源为英语、法语和日语。根据2013年的数据，英语占比约在70%左右，法语占比约在10%左右，日语占比约在0.5%，中文占比约在0.3%左右（中文的数据是在Hardt女士的访谈中提及）。

在这些数据之外，Hardt女士提及了出现这种现象的原因。首先是德国人对中国文学的了解依赖于德国的汉学家，而德国的汉学家与德国的媒体都具有强烈的政治倾向，因而常常青睐一些“异见”作家。此外，这些汉学家无法承担“中文文学导览者”的角色，而中国的对外文学推广也不到位，两相结合之下，德国市场对于中文文学的认识就极为匮乏了。

其中，中国的对外文学推广不足这一点最值得我们深思。相较而言，德国的对外文化推广渠道多力度大，有很多官方、半官方和民间机构致力于此，如1951年成立的歌德学院早在1988年就在北京设立分院，致力于向中国推广德国文化。柏林文学研究会20年来一直和隶属于德国外交部的歌德学院合作，与世界其他国家的文学圈子建立联系，将德国的作家与作品推广出去。德国这类文学机构还会为其他国家的德文译者提供资助，如北外教授韩瑞祥在翻译《卡尔腾堡》的时候不但得到了资助，还得到和作者交流、实地参观故事发生地点的机会。

美国当代著名出版家、莫言和刘震云作品的美国出版商Seaver先生的遗孀Seaver女士也在访谈中提到中国缺少一个数字化的文学交流平台来系统地介绍中国的作家和作品，尤其是介绍中国新作家和新作品的情况。这样一个窗口对于汉语区以外的人们了解中国文学非常重要，她认为这正是年轻一代出版人应该为中国文学界走向世界而要努力的方向。我们首先要向世界打开一扇窗，才能让世界看到我们的光亮。

文化影响力与文学推广

无论是引言中提到的美国汉学家葛浩文，还是德国出版社的专家Hardt女士，抑或是铁凝、谢宏等新老作家们都认为，中国文学难以走出去，很大程度上是因为翻译上的困难。韩瑞祥教授以贾平凹的作品为例，谈及贾平凹作品中极具特色的陕西方言的运用在国内读者面前是优势，但在海外传播中则成为很大的弱点。莫言作品的德国译者白嘉琳女士也提到中国的作家喜欢用典故，古色古香的文字很难在德语中找到对应，翻译起来难度极大，需要依靠译者极强的再创造能力才能让德语的读者理解。

翻译，的确是极大的难题。反观当代中国，出版的文学作品中有约25%都是翻译作品，中国甚至有新生代的作者擅长翻译风的写作。但我们很难说其他语言，如英语、德语、日语、法语、西班牙语就比汉语更容易翻译成其他语言，我们也不能说只有中国的作家会大量使用本国的典故。那么，是什么造成了汉语在翻译成其他语言时的困难呢？

首先是翻译的历史。中国早在一个世纪前就开始了大规模的翻译工作，将欧洲、日本、美国的大量经济政治文学历史等领域的作品翻译成中文。上世纪80年代后出生的一代从小在语文课本上读到大量的西方文学名著，对它们的熟悉程度甚至超过了我们的四大古典文学名著。这一长段翻译的历史，也可以视之为西方主流文化侵袭的历史。

其次，这段翻译的历史在当代中国文化中留下了深重的一笔，已然形成了成熟的文化语码。叶嘉莹教授在讲解中国古典诗词的时候经常提到语码这个词，例如古典诗词中的折柳相送，折柳的语码就是折柳所代表的文化内涵，唯有共享这个语码的人们，才能在读到折柳这样的字眼时获得相同的共鸣。同样，我们的年轻一代从小耳濡目染的是钢琴小提琴等西方古典音乐，哼唱的是美国流行歌曲，后来又在服饰等流行文化上深受日韩的影响，这一代人的文化语码中，已经具备了理解欧美理解日韩的基础。这些国家的译介作品对这一代人来说，存在的隔阂就很少。而对中国的文化影响力较弱的非洲等国的文学作品，在国内得到的关注就和中国文学在德国一样，很有限。

反观中国当代的文化——中国的电影、电视剧、音乐——尚未在国门之外、汉语区之外的地方站稳脚跟，也就谈不上在世界各国留下足够的影响力，甚至是成为该国文化语码的一部分了。那么，文学作品这种高度精练的文化内容，更加难以在这些国家推广开来，也就不足为奇了。

或许我们可以说，近代中国对于西方文化的吸收是出于世界文明板块的剧烈碰撞，属于非常规的文化交流。那么，我们来看一下20世纪末21世纪初同为亚洲国家的日本和印度对中国，乃至对世界的文化影响，或许会得到新的启发。

印度的瑜伽文化已经成为全世界人类的一种生活方式。Yoga（瑜伽）一词早在十多年前就已经在英文中被广泛使用，而英文又是世界使用范围最广的语言，可见瑜伽这种文化已经广为人知。同样的例子还有Manga这个词。这个典型的来自日语音译的英文词汇区别于欧美传统的Comic（漫画），已经成为日本漫画的专有名词，足见Manga这种漫画文化已经成为日本在世界上独特的文化标志。而中国，进入英文语汇中的专有名词除了“Tofu”“Kongfu”之外，似乎找不到其他别具时代特色的文化词汇了。而严格来说，这两个词在英文的兴起更多是20世纪上半叶的中国劳工输出和移民潮的影响。

语言中的变化代表了文化影响力的变化。而文化影响力的作用，往往以潜移默化的方式实现。不可否认，当我们去瑜伽馆尝试这种运动方式的时候，我们接触到了印度的瑜伽理念、瑜伽音乐，甚至是《瑜伽之光》一类的书籍。而当我们在日剧或动画里看到了日本文化的方方面面，我们便对日本当代社会的衣食住行有了直观的了解。于是，当我们在其他场合提及印度或是日本的时候，这两个国家及其文化不再是全然陌生，我们会说，就是瑜伽发源的那个地方，就是动漫盛行的那个地方。我们再去阅读印度或是日本的文学书籍，便会油然而生一种亲切感，因为在反映社会现实最为全面而真切的文学作品里，这些独特而又深刻的文化元素必定会出现，或隐或显。

那么，中国文学所体现的中国当代生活方式、思想精神，除了传统文学这个最为直接的载体外，或许也需要其他载体来铺垫、酝酿。当世界对中国的某一种独特精神广泛了解的时候，学习汉语的人增多，了解中国的人增多，中国文学所面临的翻译难题、所谓的国际视野的问题等等，或许都将迎刃而解。

文化传播的先锋军

影响文化传播的，一个是疆域的界线，一个是语言的隔阂。互联网时代疆域的界线已经被打破，而从语言的角度来说，会说英语基本上就可以在互联网上通行无阻。汉语虽然因为人口基数庞大，用户群体很大，但离开了汉语区便难以发挥沟通交流的作用。因此，能够在英语中流行的文化，也就成为了互联网时代的主流文化。排在首位的英美文化，无论是在文学或是影视剧方面都对全球产生了不可估量的影响。好莱坞大片一经上映便在全世界受到追捧，英国作家罗琳的《哈利·波特》系列小说长年占据各国青少年畅销书榜的榜首位置。英语文化的成功有其复杂而深远的政治经济因素，短期内对我们并没有太多的借鉴意义，而另一个日渐形成影响力并进入主流文化的日本动漫对我们的参考价值或许更高。

2016年的法兰克福书展上，毗邻孔子学院展台的一大块区域都是日本动漫出版物及周边的展区，并且多为德国当地的出版社或公司在书展设置的展台，日本当红动漫《海贼王》《火影忍者》等IP形象的大幅海报、玩偶吸引了许多人的目光，声势浩大远超一旁的孔子学院。在书展之外，我们在德国的漫画专营书店里看到，Comic作品和Manga作品各占一层楼，无论是书籍摆放还是读者群都泾渭分明。阅读Comic作品的大多是成年人，也就是德国的传统漫画爱好者，和一些欧美漫画爱好者。而阅读Manga作品的大多数是11岁到18岁之间的未成年人，结合另一个数据（德国70%的文学阅读者是女性）则可以看出，Manga在德国新生代读者中的影响力。由此可以推测，未来十年的德国青少年阅读市场，Manga的影响力或将持续上升。而当这批青少年成长起来，成为社会劳动力的主要群体时，日本文化或是日本文学对于德国的影响力，是否也将达到一个新的高度，逼近《哈利·波特》的地位呢？当然，这一假设实现的前提是Manga自身仍然能源源不断地产出优质作品，同时不被另一种新型的流行文化所取代。

日本热销动漫无论是在美国、德国还是中国都是高销售量的代名词。但动漫在日本不仅是庞大而丰富的产业链，也已成为日本文化传播的重要途径。不仅在德国，日本动漫在全球范围内对日本文化的传播起到了巨大的推动作用。一部动画电影《千与千寻》风靡全球，让全世界了解了日本的神怪文化和审美意识，其他如《海贼王》《火影忍者》等长篇日本动画则传递了日本文化中的武士道精神。更多的日本动漫短篇作品以直观、生动的方式描绘了日本的服饰、饮食、节日、花道、茶道等文化，将日本文化以多层次、丰富立体的形式展现出来。2008年日本外务省将哆啦A梦（即机器猫）任命为日本第一位“动画片大使”，承担起日本文化对外宣传推广的使命。可见，动漫产业的输出对于日本而言已经不是纯粹商业利益的考量，而有其更为深远的文化战略意义。

需要注意的是，日本从1946年手冢治虫发表《新宝岛》至今，经历了70多年的发展，到了《千与千寻》2001年正式上映、2003年获得奥斯卡金像奖，方才真正成为世界公认的一流动漫强国。这70多年来，日本动漫的发展与日本文学息息相关，不少优秀作品都改编自文学作品。如果我们从广义上将动漫这一表现形式也视为文学的一部分，正如戏曲在当今也被认为是中国古典文学的一部分那样，日本动漫在世界范围内的成功也可以视为文学上的成功。即使从狭义的文学来说，日本动漫提升了日本文化的影响力，对于日本文学在世界上受到关注也起到了推动作用。

受到日本的影响，高达80%的中国青少年最为推崇的动漫作品仍然是日本动漫，同时中国涌现出一批动漫作者，不少院校十多年前开设了动漫专业，试图在动漫的发展上有所突破，但至今未能大规模出现极具影响力的作品，只能说是偶有佳作。如果想要仿照日本动漫的方式，以中国的动漫作品作为先锋来传播中国文化，以目前中国动漫界的成熟程度来说还远远不够。那么，我们是否可以选择另一种文化形态，作为中国文化输出的先锋军呢?

中国网络文学的价值

日本动漫受到广泛欢迎有很多原因。许多研究表明，在日本，6岁的儿童到60岁的老人都是动漫的阅读对象，漫画家只是借用漫画这种形式来表达思想，而没有 “仅供儿童”赏玩的局限，很多漫画作品本身就是优秀的文学作品，故事的讲述、人物的塑造和思想的表达从内容到形式上都十分成熟而深刻。此外，日本漫画本身就脱胎于日本传统的绘卷这一艺术形式，在日本具有深厚的文化基础，而在科技发展起来之后，动漫这一更为直观生动的形式有了逐渐取代漫画的势头。而中国的动漫作品，大多是从模仿日本动漫开始，不但缺乏文化根基，也尚未形成自有的、独特的表达手法，因此也难以打动世人，达到日本动漫的高度。

仔细审视中国文学的传统，我们会发现从志怪、话本到章回小说，中国的小说发展自有脉络，到了近现代则发展出以还珠楼主、金庸、张恨水等为代表的武侠小说和言情小说。而到了当代，很难说真正继承这一文学传统的是深受西方文化如现代主义、后现代主义影响的当代“传统文学”，还是互联网兴起后快速发展、广泛流行的网络文学。我们暂且来看一下中国网络文学的分类，仙侠、玄幻类小说明显受到志怪、武侠小说的影响，西方奇幻类小说则是受到欧美游戏与奇幻文学如魔兽、指环王等的影响，官场小说则与《二十年目睹之怪现状》等一脉相承，受女性读者追捧的女性小说则属于言情小说的范畴。此外还有历史架空、网游、都市等众多分类，每个门类都有深受读者欢迎的代表作品。这些网络文学以讲故事为主要表现形式，因为其丰富的想象力和叙事功能较之当代“传统文学”作品要更受普通读者的欢迎，并且随着互联网的蓬勃发展带来了丰厚的商业效益，并随之拉动了网络文学作品的影视改编、游戏改编、动漫改编，并开始触及相应的音乐创作，在流行文化领域全方位铺开。不得不说，无论是从产业链还是从影响力上，这个板块的发展速度要远远高于目前逐渐式微的“传统文学”。

2015年开始，中国的网络文学开始经由一些翻译志愿者进入到国外读者的视线，其中最为亮点的是一位华裔青年赖静平在美国建立的“Wuxia World”网站，根据2017年2月4日的alexa查询数据，该网站的Alexa世界排名为1410，在美国排名为857，每日访问用户数为17.5万，日均页面浏览量为264万次。而作为中国最大网文网站的起点中文网的世界排名为1127。该网站已经在2016年12月与起点中文网签订了翻译和电子出版协议，提供约20部作品的授权，可以说是正式从盗版翻译走向正规网络出版。这个消息令不少关注网络文学的研究者、评论家，抑或是普通读者感到振奋，认为是网络文学代表的中国流行文化第一次真正意义上的走出去，进入国外读者的日常生活。

如果我们追寻这些流行文化在异国兴起的过程，我们会发现译者的存在。和主流文化的翻译不同，这些流行文化的翻译最初全凭兴趣。互联网繁荣初期，大量日本动画、日剧韩剧，包括英美剧最初登录国内网站时，都是经由字幕组配备字幕、加工制作之后自发上传的，并没有任何商业因素掺杂其中。剧目的选择、翻译的风格、更新的频率都由字幕组自行掌握。这种字幕加工的影视剧大受欢迎之后，字幕组也成为了新媒体的一部分，自发吸粉形成品牌，之后由各大视频网站收编成为网络出版的正规军。而中国网文在国外经历的道路也是一样。最初的译者都是志愿者、爱好者，无偿发布在互联网上供同好们阅读。这些译文得到的关注多了，汇集的译者团队也逐渐稳定下来，据起点中文网的介绍，这些译者稳定在百人左右，多为北美和亚洲等地的年轻人，不少翻译的语言水平甚至优于原著。虽然说中国网文的语言文字的精妙程度不及传统文学的大家之作，但因为涉及的题材多为仙侠玄幻或是古代背景的言情小说，翻译的难度并不低，但在这里我们没有看到因为翻译困难而带来的文化隔阂，甚至这些翻译的难题不需要大量的经费去帮助解决，拥有热情的年轻译者们就已经在摸索他们的翻译道路，并且日趋成熟。这种生命力和吸引力大约就是网络文学成为流行文化的原因之所在吧。

虽然从目前起点与武侠世界的合作来看，这次的流行文化输出还处在探索的阶段，如何在海外市场复制或改造网络文学的产业链，如何形成完整的文化输出都将是这个领域需要攻克的难题，但结合国内热播剧《甄嬛传》等在日韩美加等国的热播来看，这片空白的海外市场大有可为之处，同时也证明，网络文学蓬勃的生命力、极具中国特色的表现力以及在流行文化全方位推广上的成熟度，足以成为中国文化对外推广的先锋军。也许在不久的将来，以网络文学为代表的中国流行文化风靡全球，中国文学也能随之获得更多的关注。

结语

过去，我们的文化输出多采用文学奖、图书展、电影节、版权输出等主流渠道，而由互联网催生出的网络文学通过互联网的扩散为我们打开了文化输出的新渠道。同时，随着国内国外对中国网络文学这一独特文化现象的持续关注和思考分析，不但网络文学的理论研究逐步展开，网络文学的作者群开始融入到作家这一行列，网络文学自身也在逐渐走向精品化，国家新闻出版广电总局也组织活动，向社会推介优秀网络文学作品。这些发展都表示中国的网络文学自身在不断地壮大、成熟、形成独特而鲜明的特色与文化魅力。那么，以网络文学为轴心，以全媒体IP运营等方式开展中国文学的输出工作，将越来越吸引更多的新媒体出版人参与其中，探索具有巨大潜力的海外市场。

凤凰传媒文学“走出去”的提升路径研究
——以德国为例

凤凰传媒国际拓展部　刘沁秋

一、凤凰传媒对德版权贸易现状

“十二五”期间，凤凰传媒共向非华语国家输出版权761种，版权引进输出比从“十二五”期初的2.9：1缩小到期末的1.5：1。输出结构不断优化，对重点发达国家的输出总量增长迅速。然而，对德国的版权输出，始终是我们的短板。“十二五”期间，凤凰传媒旗下出版社输出德国版权的图书仅有11种，而引进版权图书则为108种，引进输出比接近10：1，这个数据正是两国版权贸易情况的一个缩影。数据清楚地反映出凤凰传媒在对德文化交流方面的不足，同时也说明，未来仍有很大的进步空间。

（一）德国版权贸易情况

德国是全球出版实力最强和版贸规模最大的国家之一，2015年度年出书品种89506种，同比增长2.7%，与此同时，纯文学类图书的初版品种排名第一，占全部初版种数的18.5%；排名第二位的是德国文学类图书，占13.9%；儿童及青少年图书则排名第三。数据显示，德国文学市场依然繁荣，这一方面是由于德国是单一语言国家，具有较强的文化凝聚力，另一方面，高收入群体、女性、6–13岁年龄段的儿童构成了最重要的图书购买群体。

2015年，在德国出版的翻译图书中，排名前三位的分别是英语、法语和日语。其中，英语图书是德国翻译图书中最重要的外语图书。译自英语的翻译图书共计6031种，其中2414种为纯文学类作品，占37.1%。同年，德国版权输出对象国的前三名分别是中国、西班牙、意大利。其中，对中国的版权输出已经连续5年保持第一，成为中国最大的版权贸易伙伴。2015年，德国向中国输出版权1512项，占全年版权输出总额的20%。

我们认为，凤凰文学出版尝试走进德国，依然任重道远，而将现有文本翻译成英语，并以此作为首个译本向德国进行推广，不失为一个明智之举。

（二）凤凰传媒译介德国文学作品现状

德国文学的历史可追溯到古日耳曼时期。经过一千多年的发展，从18世纪开始，逐渐由落后走向欧洲文学的顶峰，史称魏玛的古典主义。德国最负盛名的作家歌德及席勒的作品都诞生于这个时期。19世纪以后，德国文学趋向于关注政治和日常生活。20世纪以来，随着1933年希特勒上台到两德的分立统一，德国出现了各种文学流派，特别是联邦德国文学和民主德国文学两种截然不同的文学流派，纷繁复杂，风格各异。德国的文学作品也具有世界性，充满文学价值和艺术魅力，深深吸引着全世界的文学爱好者。

凤凰传媒多年来译介了大量德国文学作品，如歌德作品《少年维特之烦恼》《浮士德》、席勒的《审美教育书简》、海涅的《乘着歌声的翅膀：海涅诗选》（收入海涅两百余篇诗作，包括《乘着歌声的翅膀》《西利西亚的纺织工人》等大部分名篇）；战后德语文学代表人物：马丁·瓦尔泽作品《童贞女之子》和君特·格拉斯的《剥洋葱》《盒式相机》；大哲学家尼采的《查拉图斯特拉如是说》《悲剧的诞生》《希腊悲剧时代的哲学》；诺贝尔文学奖得主赫尔曼·黑塞的《荒原狼》《轮下》；托马斯·曼《布登勃洛克一家》；德语文学的最重要奖项毕希纳奖得主马丁·莫泽巴赫力作《此前发生的事》，胡戈·弗里德里希的《现代诗歌的结构：从19世纪中叶到20世纪中叶》，获得德国青少年科学院奖、捕鼠人文学奖、猫头鹰文学奖提名的《国际大奖短篇小说集》（莫妮卡·菲特等著），享有世界声誉的埃米尔·路德维希的《拿破仑传》等。

我们出版的格林兄弟的《格林童话全集》，这应该是实际读者最多的一部德语文学作品，以及德国著名的浪漫主义诗人古斯塔夫·施瓦布的《希腊神话》，德国19世纪著名的小说家和诗人威廉·豪夫的《豪夫童话全集》，毕尔格的《吹牛大王历险记》，卜劳恩的《父与子》经典漫画集等，广受少年儿童读者欢迎。

大十字勋章得主、“人们读得最多、受赞扬最多也是受攻击最多的当代作家”埃里希·玛丽亚·雷马克的《西线无战事》，本哈德·施林克的《朗读者》、安妮·弗兰克的《安妮日记》均已被改编成电影，在中国非常受欢迎。观众观影后更乐于阅读原著，以文字来回味影像未尽之意。

（三）凤凰传媒对德文学作品“走出去”现状

与凤凰传媒译介的德国文学作品相比，我们输出到德国的文学作品就屈指可数了。“十二五”期间，凤凰传媒输出德国版权的文学图书仅11种，不过，其中也颇多可圈可点之处。

译林出版社在2012年成功将《二十世纪中国文学选集》（6卷本）输出德国斯普林格出版社。丛书以世界文学的视角介绍20世纪中国文学，由海内外著名翻译家和汉学家担任翻译工作，旨在推动中国文学更快地走向世界。2014年，丛书正式出版。斯普林格出版社承诺负责该选集除中国大陆地区以外的全球出版发行。此后，译林出版社又将颜歌迄今最令读者惊喜的长篇小说力作《我们家》输出德国兰登书屋集团，本书叙事风格流畅，活色生香，轻松易读，受到兰登书屋集团青睐也在意料之中。

江苏少年儿童出版社成功将《青铜葵花》《第8号街灯》《草房子》《小水的除夕》4种图书输出德国龙家出版社。其中，中国首位“国际安徒生儿童文学奖”得主曹文轩作品《青铜葵花》实现14国版权输出，获得“中国版权金奖”、英国笔会奖、“麦石儿童文学翻译作品奖”等诸多国内外奖项，获海外主流媒体高度评价；《草房子》销量超千万册，实现8国版权输出。已经成为凤凰版权输出的范本。

总之，能够实现输出的文学作品，一定要具有相当的国际文化影响力，或者源自已斩获国际重要奖项的作家之手，才能得到德国出版商和读者的认可。目前中国作家在德国的市场效应还没有真正形成，一是中德两国读者的阅读口味相去甚远；二是题材过于小众，或是需要对中国的历史文化背景有一定素养，这样的作品，德国读者读起来很费力。这恰恰印证了麦加的观点："要让西方人了解中国，文学是最好的使者。""中国文学作品要走向世界，必须在题材上有所选择和取舍。"

二、凤凰文学走进德国面临的主要问题

事实证明，凤凰文学要想真正走进德国，依然存在一系列的问题：

（一）还没有形成一套完备的"走出去"内容生产体系

产品走出去的核心要素，是要提供符合德国需求的内容产品，不能机械地将国内受欢迎的产品不加修改地向海外推广。中国文学文化类原创图书的翻译输出在亚太地区有文化认同上的优势，较容易靠原创内容本身赢得海外版权代理人的理解和读者的认可。而在欧美地区却往往应和者寡，因此，必须针对欧美和亚太地区制订不同的版权输出策略和本土化改造方案。因此，以中文图书的出版为核心，谋划和布局德国乃至德语世界市场；集中专业出版优势，明确定位，细分市场，积极进行中外合作出版和国际组稿；力争打造一批拳头产品，储备一批有深度有分量的重点选题，是凤凰传媒在未来几年内要深入思考和践行的重要方向。主要着力于篇幅适中，适合于对外传播的文学、诗歌和儿童文学作品。

（二）渠道作用还没有充分发挥出来

通过近年来的努力，凤凰传媒虽然取得了一定的合作成果。但是，我们深感，德国的文化渠道的作用还没有充分发挥出来。比如，我们还可以深挖与德国重点高校、出版社、中方驻外机构的合作，比如德国慕尼黑大学、莱比锡大学、哥廷根大学、波恩大学、科隆大学等一批名校的丰富学术资源，在现有合作的基础上，深挖资源，进行更广泛的合作。进一步拓

展与企鹅兰登书屋、斯普林格出版社、Dumont出版社、费舍尔出版社等重要文化机构的业务合作。利用孔子学院总部，在德国的多家孔子学院和孔子课堂，将现有渠道的作用发挥到极致。

（三）平台还不够多、不够健全

目前，凤凰传媒在美国、法国、英国和澳大利亚构建了四大版权输出平台。但是，我们依然感觉到，平台还不够多，也不够健全。自2012年以来陆续建立的四个平台，虽然为凤凰传媒的版权输出做出了一定的贡献，但依然面临着很多风险。要想克服中西文化差异，兼收并蓄本土化和国际化特色，真正成为立住脚、扎下根，实现本土化的融合、国际化的运营的国际专业平台，还有很长的路要走。

（四）团队建设还需要进一步加强

凤凰传媒一贯重视“走出去”队伍的建设，但是，从目前的情况看，凤凰团队的力量还不够强，出版社对“走出去”队伍建设的重视程度也有待进一步提高，未来是否能实现在每个出版单位设立独立的对外合作部门，是否能培养出一支适应海外需求的外派队伍，还需要继续努力。企业在开拓海外市场之初，就应该规划好人才培养的路径、良好的激励机制，加强对海外派驻员工的关怀，解决其在海外的本土适应性问题，增强其归属感，这些都是凤凰传媒未来要重点思考的方向。

（五）翻译匮乏的问题亟待解决

面对凤凰传媒国际业务的不断拓展，原有的语言人才已经无法适应现今日新月异的国际化发展需要。从译者资源来看，真正高水准的德语译者匮乏，能够精准翻译中国文学的优秀译者屈指可数，大多数德国读者对中国文学作品非常陌生。翻译一部中国文学作品，常常需要花费三年甚至更长时间，出版商要承担很大的市场风险。从凤凰传媒自身来看，已经引进了一些德语人才，但主要集中在个别出版社。因此，要想更好地拓展德语市场，一方面我们需要口语过关的人才，另一方面，组建一支德语的翻译队伍，包括德国汉学家、留学生、德语专业教授和硕士生资源，形成专家库，也是我们目前亟待完善的。

三、凤凰文学出版“走出去”的优势及路径分析

（一）国家宏观政策环境、经济环境、国际环境为凤凰文学出版“走出去”的战略布局提供了庞大的支撑构架

1. 国家宏观政策环境

近年来，中共中央办公厅、国务院办公厅颁布的涉及出版“走出去”的宏观政策文件主要有：2016年11月，《关于进一步加强和改进中华文化“走出去”工作的指导意见》。2016年《中共中央办公厅关于讲好中国故事传播好中国声音的实施意见》（中办发〔2016〕24号文）。国家新闻出版广电总局近年来发布的政策文件主要有：2012年1月，《关于加快我国新闻出版业“走出去”的若干意见》。2013年2月，《关于加快推动中国新闻出版业国际布局的实施意见》。上述文件强调要创新中华文化“走出去”的内容形式和体制机制，加强中国出版物国际推广与传播布局，讲好中国故事，唱好中国声音，塑造良好的国家形象。

中国文化“走出去”已经成为中国政府高度重视的课题。尤其是在图书出版领域，相关资助政策陆续推出：“中国图书对外推广计划”“经典中国国际出版工程”“中国当代文学百部精品”“中外互译项目”“中国当代作品翻译工程”“丝路书香翻译工程”“中华学术外译项目”……上述项目的规划与实施，对中国精品图书出版外文版起到极大的推进作用。

2. 经济环境

随着中国综合国力的不断增强，国家影响力越来越大，中华文化与世界文化的关系在发生深刻变化，出版“走出去”正处于转型升级的关键阶段，需要更大的世界市场，这是经济发展到一定阶段的必然结果。

2016年，全国共输出版权11133种，较2015年增长6.3%，提高4.6个百分点；其中，输出出版物版权9811种，增长10.7%，提高9.2个百分点，且较引进出版物版权增长速度高出3.2个百分点。（数据引用自总局在2017年7月发布的《2016年新闻出版产业分析报告》）

3. 国际环境

随着我国综合国力、国际地位和影响力的不断提升，“中国热”持续升温，国际社会对我国的关注程度空前高涨，全面了解认知中国的愿望更加迫切。西方读者对中国的发展成就赞叹不已，对当代中国人的生活、思想和管理模式表示关注。

（二）凤凰文学出版“走出去”路径分析

1. 内容为王

内容生产永远是出版集团的核心竞争力。凤凰传媒高度重视出版“走出去”工作，积极构建重点产品线，谋划“走出去”重大主题项目，根据重点方向和领域构建内容生产格局。同时深入研究海外读者的文化传统和阅读习惯，以国际组稿的形式，在国际范围内组织一流作家的作品在中国首版，并通过版权贸易平台向世界推广，争取实现凤凰图书在国际范围的有效传播。

例如，凤凰传媒旗下江苏凤凰少年儿童出版社打造的大型国际合作出版项目“美丽童年国际儿童小说书系”，在国际范围内邀约作者书写童年成长故事，展现各国丰富多彩的文化背景和生活情状，传达积极向上的精神能量。意大利安徒生奖获奖作家圭多·斯加尔多利创作的首部作品《十四岁的旅行》，大受海外读者好评。

2. 渠道建设

针对德国的文学推广，凤凰传媒借助以下渠道：德国书商与出版社协会及其举办的法兰克福书展的渠道；全球最大的在线版权交易和许可平台——IPR版权贸易平台的渠道；孔子学院总部和其设在德国的慕尼黑孔子学院、法兰克福大学孔子学院等19家孔子学院，浮士德文理高级中学孔子课堂等4家孔子课堂的海量渠道；海格力斯等版权代理的渠道；德国西部电视广播集团（WDR）、《法兰克福文汇报》、*Litpom*杂志等专业媒体的渠道；海外文学家、作者、编辑、大学教授、独立书评人等高级知识分子的推荐传播等渠道，全面推进相关项目。

3. 作家队伍建设

（1）培养儿童文学作家

为培养未来的儿童文学作家，凤凰集团专设"曹文轩儿童文学奖"，分"作家创作奖"和"少年创作奖"两个奖项。"作家创作奖"征集篇幅6万字以上未出版的长篇小说，"少年创作奖"征集篇幅1万字以内未出版的短篇小说。旨在激发广大作者的创作热情，培育选拔对儿童文学充满向往的年轻新秀。首批已经评选出五位获"佳作奖"的青年儿童文学作家。未来，凤凰传媒还拟以此模式培养打造一批优秀儿童文学作家，最终形成一支有海外作品和有海外推广潜力的儿童文学作家队伍。

（2）聚焦一批诗歌作者

凤凰传媒旗下江苏凤凰文艺出版社致力于出版现当代文学、文艺理论、诗歌等，除在纪实文学、长篇小说、言情小说等领域独领风骚外，还陆续推出了包括洛夫、余光中、西川、杨炼、韩东、周亚平、翟永明、多多、郑予愁等一批享誉国内外的中国诗人的作品集，其诗歌出版在全国稳居第一。文艺社对新生代诗人的培养独具慧眼，不遗余力，取得明显成效。

（3）作家代理制度和培养新生代作家

译林出版社除签下叶兆言、苏童、刘心武等文学巨匠的作品海外版权独家代理权外，还签下了不少新生代作家，如青年作家颜歌等。江苏凤凰文艺出版社则以作家经纪人的运作模式，推介了历史作家王晓磊等一批新生代作家的作品版权，将王晓磊的作品《卑鄙的圣人：曹操》系列版权输出至多个国家。

（4）举办著名作家与海外读者的互动交流活动

举办“曹文轩德国文学之旅”，在德国慕尼黑、法兰克福、海德堡三地举办了五场国际出版和专业学术交流活动，以新书发布会、读书会、书展论坛对话、文学讨论等形式与德国学者、读者进行互动交流，扩大了以曹文轩为代表的中国作家的国际传播力，增强了凤凰传媒及旗下苏少社在德国的影响力，取得了良好的效果。

4. 国际化的团队

（1）培养版贸人才和编辑队伍

目前，凤凰传媒下属单位的版权部门还没有完全独立出来，通常只有一至两人从事全社的版权工作，工作压力巨大。与此同时，出版社的国际编辑人才也相当匮乏，其国际眼光、市场意识、协调能力、人员素质等方面都有待提高。而我们真正需要的，是具备国际化视野熟悉国际规则，同时能够积极参与国际事务和国际竞争的人才。

因此，未来出版单位应加强对版权人员和国际编辑的培养，摸清现有需求，制定未来规划，形成完善的选拔和培养机制，积极做好国际化人才的储备和梯队建设工作。

（2）培养一批新时代的译者队伍

翻译是中外人文交流的纽带和桥梁，实现中华文化的有效传播，离不开了解和热爱中国文化的汉学家和翻译家们的助力。凤凰传媒深知译者对于文学海外传播的重要性，启动“凤凰国际出版翻译专家库”，为译者提供生存空间和政策支持，并将定期充实专家库队伍，丰富在库专家队伍的国别和语种，通过在海外举办的图书推广及文化交流活动与专家库成员频繁互动，加强译者与作家的交流研讨，提升翻译的准确性。在提升凤凰国际合作交流水平的同时，借力高层次智力资源，进一步推动提升凤凰国际出版水平，促进中外人文交流渠道更加畅通；形成一批具有凤凰特色、国际影响的人文交流品牌；助力凤凰传媒在吸收借鉴国外先进文明成果的同时，助推中华文化“走出去”。这将成为凤凰传媒文学“走出去”的长远战略。

四、结论

我们既要清醒地认识到现存的客观困难，又要发现整合优势资源，调整产品结构和区域布局，有针对性地打造国际范儿的原创精品图书向德国推广，有针对性地扩大高端翻译人才和小语种翻译人才队伍，推动国际出版能力质量和品质的整体提升，最终要实现当代中国文学新成果的有效传播，让更多文学作品和作家走进德国，以文明交流超越文明隔阂，文明互鉴超越文明冲突，文明共存超越文明优越，建立多层次人文合作机制，真正让德国了解中国，读懂中国。

课堂笔记摘选

第一讲：
Die Frankfurter Buchmesse
法兰克福书展

主讲人：Tobias Voss
汤比亚斯 · 福思（法兰克福书展副总裁）
记录整理：王娱瑶

前 言

大家早上好！首先我想介绍一下我个人的情况。我叫汤比亚斯 · 福思，我是法兰克福书展国际市场部的负责人，也是法兰克福书展的副总裁之一，法兰克福书展董事会的成员。那么国际市场部的工作是什么？我们主要做三件事：第一件——也许是最重要的事情，我们的部门负责非德语区的客户，从阿富汗到津巴布韦。当然，我不可能对所有的国际市场都了如指掌，我的大脑容量有限，因此董事会决定让几位管理人员分别负责一部分的国际市场，我负责的是东欧、斯堪的纳维亚半岛、法国、比利时、荷兰这些地区。这是我们从事的第一件工作。第二件工作，我们和德国外交部有着多年密切的合作，合作从20世纪50年代就开始了。从20世纪70年代起，我们达成常规的合作协议，外交部在我们出国时提供支持。在为期五天的法兰克福书展中，我们没有任何的资助。当然有一些特殊的项目会得到资助，但是书展上的所有其他活动都开销巨大，却没有资助。而当我们出国参加其他的展会时，我们就成了德国出版社的国外办事处，由于我们不是出版商，而是展会组织者，是独立的，在涉及一些图书时没有私

人利益，因此我们在整体上组织国外的活动。我们会邀请一些德国的出版社和我们一起出访，出版社可以跟随我们的统一安排，也可以单独参加国外书展。我们每年大概会参加二十多场国际展会。最后一件工作，但也是我们部门负责的很重要的一件事，就是主宾国。众所周知，2009年中国是主宾国。2016年主宾国是荷兰和比利时。关于我的教育背景，我出身师范专业，学习德语和生物学，在法兰克福的一家研究所工作过十年。随后我决定在职业生涯上做出改变。我开过一家书店，后来又成立了一家代理公司。现在我已经不在那里就职，但是代理公司仍然运营良好。我也在出版社工作过两三年，也负责出版社在法兰克福书展的参展事宜。因此我从书商、代理商、出版商的角度对法兰克福书展有着全方位的了解。我曾经的职业经验对我现在在书展的工作是非常有益的。

在下面的半个小时，我争取用数字来讲述书展的情况，告诉大家在法兰克福书展上都发生了什么。除了书展，我们们也向世界主动出击。最后我会介绍版权贸易的数据情况。

2015年的事实和数据——法兰克福书展VS伦敦书展

现在我们将法兰克福书展和伦敦书展做一个平行比较。2015年法兰克福书展大约有27.5万人参加，伦敦书展的参加人数约为3.5万人。大家知道，世界上很多的书展，比如中国的上海书展，都属于大众书展，以读书节的形式面向所有大众。但法兰克福书展和伦敦书展都是非常专业的书展。但是由于他们代表了图书的文化价值，所以也有必要做一个平衡。法兰克福书展的前三天是由专业人士参加，后面两天对大众开放。整个的参观人数被分为两组，第一组是专业人数，第二组是大众人数，我们可以看到，专业的数字远远大于大众。第二组数字为参展商人数：2015年有7145家参展商参加法兰克福书展。其中来自德国本土的参展商有2428家，来自其他国家的参展商为 4717家。由此可见，法兰克福书展绝对不是一个德国本土的书展，而是真正意义上的国际书展。

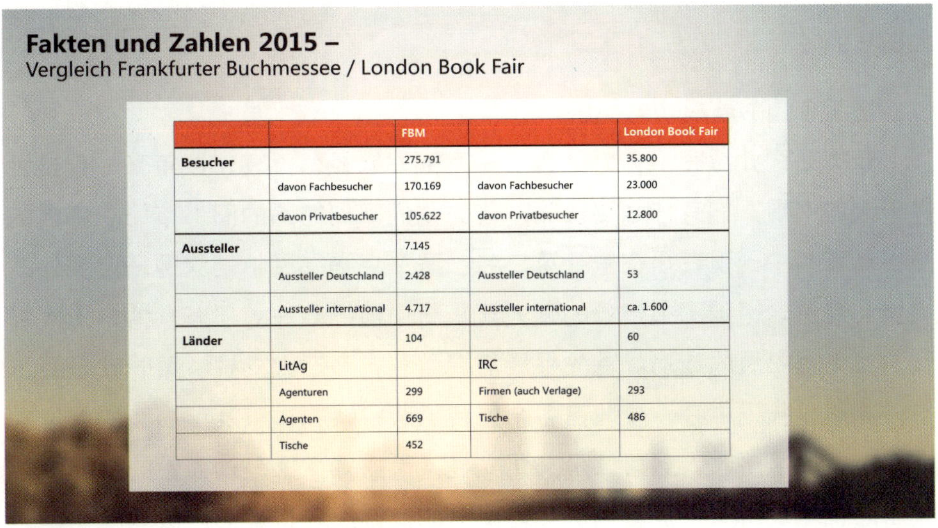

Fakten und Zahlen 2015 –
Vergleich Frankfurter Buchmessee / London Book Fair

		FBM		London Book Fair
Besucher		275.791		35.800
	davon Fachbesucher	170.169	davon Fachbesucher	23.000
	davon Privatbesucher	105.622	davon Privatbesucher	12.800
Aussteller		7.145		
	Aussteller Deutschland	2.428	Aussteller Deutschland	53
	Aussteller international	4.717	Aussteller international	ca. 1.600
Länder		104		60
	LitAg		IRC	
	Agenturen	299	Firmen (auch Verlage)	293
	Agenten	669	Tische	486
	Tische	452		

2015年的事实和数据——法兰克福书展VS伦敦书展

这样多的参展商来自哪些国家？2015年有来自104个国家的展商参展。多年来，法兰克福书展的参展商数量都在一百零几和一百一十左右。还需要强调的是，法兰克福书展最重要的功能就是版权贸易的功能。书展展区最核心的心脏地区就是版权代理中心。版权代理中心是书展上一个不可自由进入的空间。在那里坐着有670家来自世界各地最重要的版权代理商。不同于出版商的展台，这是一个完全封闭的环境，这是为了避免代理商被只写过十首诗或者半页纸的所谓作者打扰，而能够专心洽谈版权贸易。光看法兰克福书展的数字可能会没有感觉，因此我们用伦敦书展的数字来做一个比较。法兰克福书展在秋季，伦敦书展在春季，是除了法兰克福书展之外的第二大书展。要明确的是，这里展示的伦敦书展的数据不是内部提供的，而是官方网站公布的。伦敦书展的所有参观者都是专业人士，有35000人，有53家德国出版商参展。当我们说到版权代理中心时，在伦敦书展上有486个所谓版代的席位，但是和法兰克福书展有明显区分。因为出版商在法兰克福书展不可以进入版权代理中心，在伦敦就可以。这样我们用数字表明了这两个世界上重要的版权贸易平台的明显的差距。

法兰克福书展成功的秘诀

数据已经介绍完毕。为什么法兰克福书展经久不衰，多年来一直是世界最大的书展？它有什么秘诀呢？首先我们回到德国的图书市场。德国的图书市场和中国现在正在争夺第二名。法兰克福书展特别欢迎来自国外的成员。当然，德国图书市场的强大只是一个前提条件。还有其他的因素导致法兰克福书展的成功。首先书展需要盈利，有三大支柱。第一就是经济支柱。版权代理中心，分散在各个展台的版权谈判，以及参展商的展位支撑着书展的经济收入。第二是文化支柱。大家知道书是两面性的东西，既是商品也承载着文化价值。对文化价值的良好呈现也是书展成功的秘密。2015年的数据表明，在专业的法兰克福书展上，在五天内有4200个场内和场外的公众活动。作家们在活动中登场，表达自己的文学观和世界观；同时还有各界名人、思想家、哲学家等非常激烈的思想表述和内容表述的交锋。第三个成功秘诀是政治。随着世界政治不确定性的增强，书展越来越成为政治家的聚会场所。现在平均每年有七到八个国家的政治首脑聚首法兰克福书展。今年有荷兰和比利时两对国王夫妇要来。法兰克福书展之所以成为吸引政治家的平台，还有一个重要原因，负责法兰克福书展的公司，即德国书商和出版商协会是个有政治诉求的公司，要参与议政，在图书定价和增值税等等方面维护出版商的利益，不仅与德国的，也需要与国外的政治机构讨论行业的一些问题。德国的图书定价制度是对整个德国图书行业的一种保护。在欧盟，定价制度最大的支持者是法国。也有一些不同意的声音，因此发生了激烈的争论。需要再次强调的是，国家制定的只是图书定价制度，但最后具体的定价人是出版商。现在让我们去书展现场。

问：为什么法兰克福书展会吸引政治家前来？

答：首先主宾国的地位自然会吸引国家首脑过来，2016年的主宾国是荷兰和比利时；因为是世界上最重要的书展，有最重要的内容要讨论，比如教材的制定方针，欧盟会有一些跨地域的讨论，书展上就会来很多国家的教育部长一起讨论。同时，知识版权问题会引进很多政治家的关注。比如欧盟很多国家会投入大量的科研经费给研究者，并为他们提供开放式的入口自由进入数据库，但是进行研究后，出版物都是极其昂贵的科研著作，需要重金购买。但这样的科研成果就没能以同样的开放式入口的方式得到传播和分享。对于非常重视知识、产权、研发的国家，这是非常关键的政治决策，会吸引相关决策者的到来。还有一个重要原因，书展的重要性和特殊性，使得大使等高端政治家会被邀请来。还有一些政治家本人会出版新的著作，要运用这个平台来宣传自己。

展场概况

下图就是展场的情况。大家可以看到：三号馆分两层；四号馆分三层；六号馆层数最多，五号馆分两层。以前欧盟的英语国家都在八号馆，现在已经取消，都移至六号馆。现在有一个中心地带，联通各馆。从右边的入口进入展馆，首先会来到主宾国的展示区。主宾国有2000平米的免费展览位置，以充分展示该国的文化。四号馆分三层，4.0是中国展区；4.1是艺术图书为主，会展示世界最美的书，今年会有新创办的"ART + "活动。4.2很重要，是教育出版展区。六号馆共有四层，主要是来自英语地区的参展商，包括英美、印度、以色列的参展商。前面提到的不能随便进入的版权代理中心在最高层6.3。五号馆有两层，下层是欧洲如意大利的展区，5.1有阿拉伯、西班牙、拉美，希腊的国家。3.0主要是德国展商集中的地方，也是童书，插画书的重点展馆。3.1是德国的大型出版集团，以及和外交部的合作项目，展览一些政治性的活动。

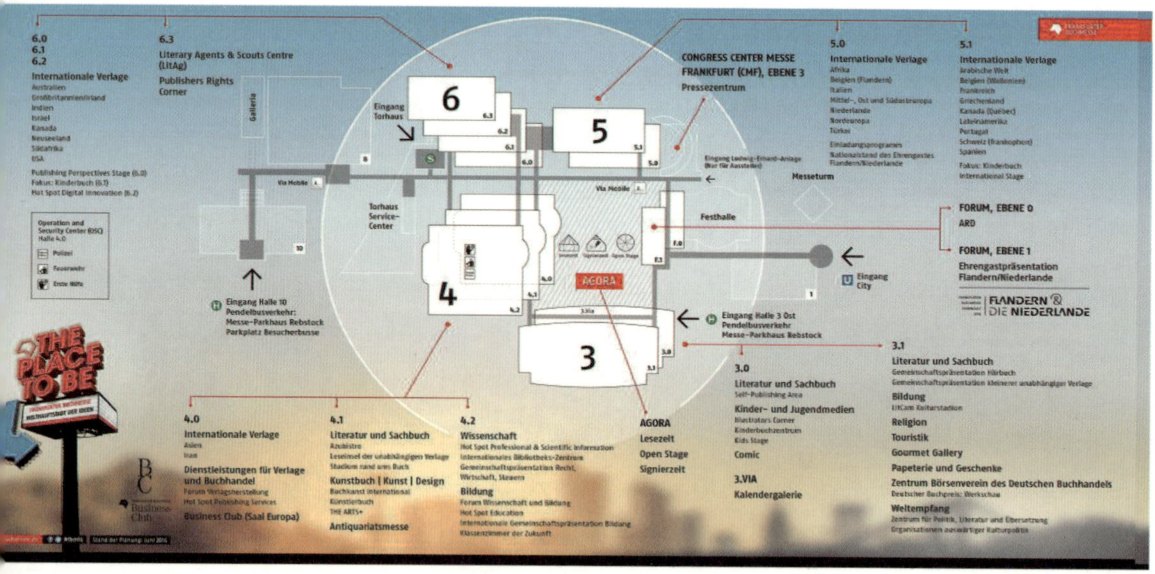

展场概况

BUSINESS CLUB 高端商务俱乐部

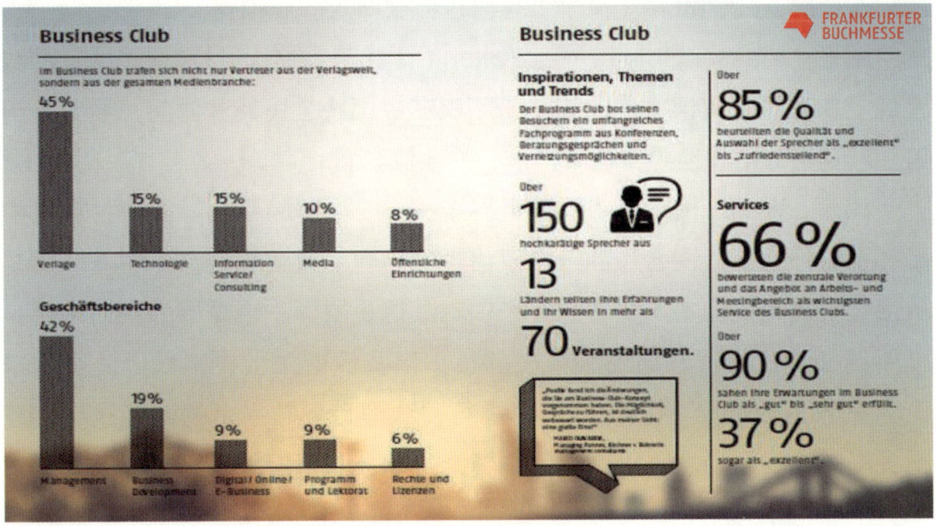

BUSINESS CLUB 高端商务俱乐部

说到中国的国家展台，凤凰展台是其中一部分，地点在4.0展厅，这里除了是中国出版商的核心地带之外，还有一个极其重要的动能：Business Club（高端商务俱乐部）。这是法兰克福书展的一个创新项目，从2014年开始实施。因为书展中有重要的文化界人士，他们会分散在各个展台，有时不得不去酒店等场所举行会谈。这是为他们开辟的比较集中的一个高端会谈处。收费也比较昂贵，会举行核心的、内容价值比较高的活动。只有很少的精英人士、决策者进入此处，入场费用较高。

书展上一些文学推广活动的形式

图一、图二：Open Stage（开放式舞台）。在展区中心地带，会在周末举行最大的文学宣传活动。

图三：Lesezelt（读书帐篷）。 这里会邀请来自全世界的作家们朗诵自己的新作品。很多国家出版社的编辑都会去听。这是获得第一手体验的场所。

图四：Kulturstadion （文化驿站）。这是一个关于教育图书的讨论场所。在德国，Literature（文学）有时也会被归入非虚构类。

图五：Klassenzimmer der Zukunft （未来教室） 目前很多国家的教育部长都在讨论阅读推广的策略。不仅在中国将全民阅读作为一项重要国策，阅读在德国和世界也是同样核心的地位。

图六：Welt Emfang（欢迎世界）——一个新的平台。是法兰克福书展和德国外交部共同合作的一个政治性的平台。政治也是文学中一个重要的话题。这也是他本人负责的一个项目。这是欧洲一个重要的政治平台。众所周知，德国现在面临着难民危机，以及伊斯兰世界宗教价值观的辩论。在10月26日下午的四点半将举行“欢迎世界”平台的开幕式。会有很多高端人士登场发言。今年的主题为：欧洲和伊斯兰世界。

图一

图二

图三

图四

图五

图六

主宾国

法兰克福书展的主宾国其实变成了全世界最大的翻译促进组织。因为主宾国的两千平米的文化展示需要将很多书翻译成各种语言，主宾国有着促进文学翻译和图书翻译的核心功能。

图片中以数字体现了2012－2015年的主宾国情况，如2013年主宾国是巴西，2014年的主宾国是芬兰，2015年是印度尼西亚，这三年仅翻译成德语的图书就分别有67、41、22种，翻译到其他语种的总数：巴西335

种，芬兰215种，印尼142种。可见主宾国在当年翻译到德国和其他语种图书数量的激增。

这张图显示：除了为期五天的法兰克福书展之外，法兰克福书展也在世界其他20多个地方设立国家展台，与德国外交部合作，推广德国的图书文化和促进德国的图书贸易。

上图是2016年德国国家展台在各国书展参展的时间表。

上图：德国出版商在国外展台的活动场景，以及在都灵做主宾国的照片。

——法兰克福书展在重要的海外市场设立有四个办公室，分别位于：莫斯科、北京、纽约、新德里。

Leo Lausemaus
monbijou
Edition
Achtsamkeit
NEU

第二讲：
跨界ART＋项目

主讲人：法兰克福书展高级副总裁Holger Volland
记录整理：朱 涛

2014年引入Business Club概念，这是一个高端的精英的平台，VIP平台，所以就不民主了。现在一共有3200位会员，这可以说是世界上所有出版商的1%的最精华的那个部分。这是个封闭空间，做成一种高端会所，有点像英伦俱乐部的感觉。这里自带餐厅，可以举行很多一对一的小型会议，开展一些重要的专业活动。在这个高端的精英会所里讨论的核心话题有三类：第一是书页的管理，第二是新业务的拓展，第三当然就是数字化。

现在我从法兰克福书展这个世界上最重要的书页平台来观察数字化出版现在的情况。世界上现在数字化出版今年又到达了一种什么形式这

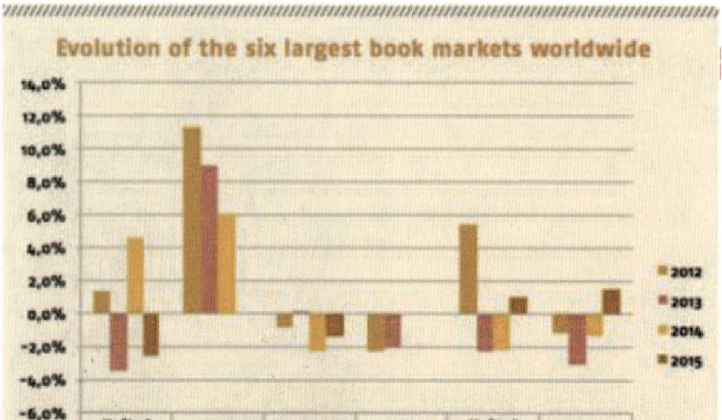

	United States	China	Germany	Japan	United Kingdom	France
2012	1,3%	11,3%	-0,8%	-2,3%	5,4%	-1,2%
2013	-3,5%	9,0%	0,2%	-2,0%	-2,3%	-3,0%
2014	4,6%	6,0%	-2,2%		-2,2%	-1,3%
2015	-2,6%		-1,4%		1,0%	1,5%

Fig. 6: Market evolution in reported value at domestic currencies, in the six largest publishing markets, 2012 to 2015. Various sources, compilation by RWCC.

几乎是每一个来参加书展的人，无论他是记者和普通的参观者都想知道的问题。但是这个问题是最难回答的一个问题，因为它是一个新的现象，每个国家每个地区的统计方法，对于电子书也好，网络出版也好，形成的标准和统计的工具都不一样。

所有的这些所谓的统计报告向大家揭示的一个核心问题，就是这个行业的比方说数字出版它的趋势是什么？从我和法兰克福书展共同研究，对这些数据统计的分析中，得出了一个结论，就是没有趋势。所谓说没有趋势，就是说在世界上每个市场的表现都急剧地不一样，所以没有一个统一的趋势会被观察到。每个市场无论是纸质书还是电子出版物的表现都处于非常不一样的状态。

举最右边美国的例子，2012年数字化增长了1.3%，2013年又掉下来3.5%，2014年又上升了4.6%，2015年又下降了2.6%，这些数字后面的故事是什么呢？它至少可以讲两个故事。一个就是它的发展是在起伏动荡的状态，同时后面也不是绝对的动荡状态，因为电子书还处于一个发展阶段，所以出版商对电子书的定价也在试探读者的心理承受力、购买力，所以每年可能卖出去的数字没有变化，但是价格下降了，所以也就带动了整体销售的下降。另一个就是比方说今年有《哈利·波特》这种世界级的大畅销书，一下子就拉动整个图书市场。也许上一年是很平淡的一年，没有畅销书，但并不说明大家就不买电子书。它后面有很多复杂的原因，不能一概而论。在中国没有那种大起大落，虽然每年都在增长，但是每年增长的百分比都在以3%的速度递减。在德国和日本几乎都是下降趋势，但是要是看具体购买的产品又不是一个下降的情况，只是它的书价在发生变化。英国的数字是个特别有意思的情况，因为它是英语区最重要的图书市场之一，而且它的书不仅仅是在本国销售，还有很多是出口到海外市场，尤其是到印度之类的地方，所以它跟很多市场的关联度特别高。不管怎么说，大家看到有小波浪，不是全上升的也不是全下降的波浪形，所有这些波浪都是微波，它不是让人感到书业将要发生濒临死亡的景象。

这张新的图是讲，小的独立的出版（上面第一栏的）是一个上扬的趋势，从15%慢慢往上走；而big five（包括阿歇特在内）在最上面的那些反而是在下降。特别有意思的是，淡绿色那条亚马逊自己做的出版物已经几乎到了10%。这张图可以作出以下三个总结：第一，big five那些强大的出版社它们已经在微弱下滑了，所以它们必须非常注意到自己的革新能力；第二，那些小出版社不畏惧大出版社的压力，所以它们还有一些增长的空间；第三，自出版以及像亚马逊这种跨国平台直接作者出版在内的形式，它们已经在成长了。

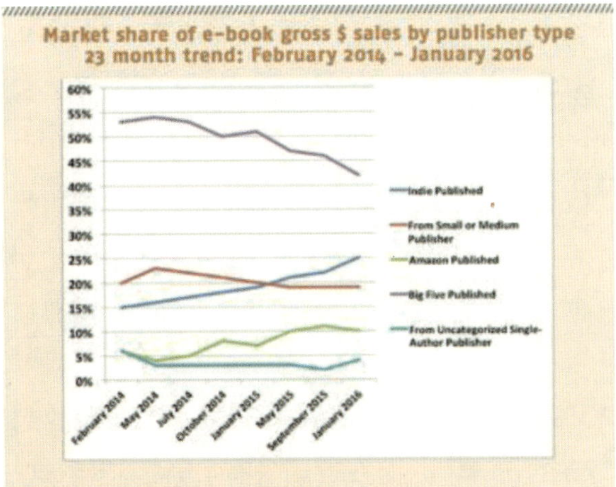

Fig. 8: Author Earnings Report, February 2016: Development of market share in revenues, by publisher type. Courtesy AuthorEarnings/"DataGuy".

这张表呈现给大家的是英国（UK）的细分分析，这个分析不仅是有年度，还可看出纸质书和电子书。大家可以看到2011—2012年英国的电子书

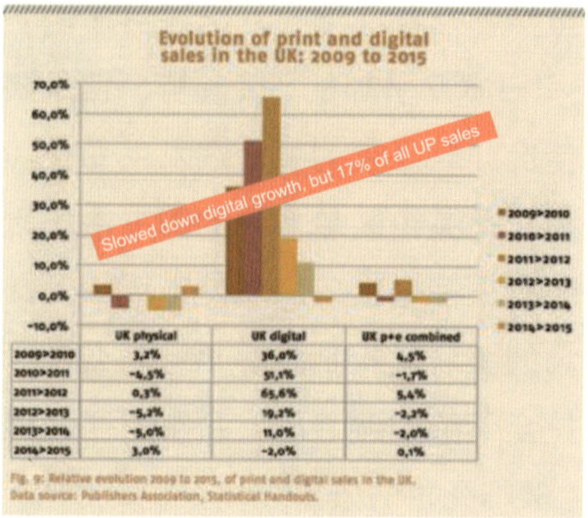

	UK physical	UK digital	UK p+e combined
2009>2010	3,2%	36,0%	4,5%
2010>2011	-4,5%	51,1%	-1,7%
2011>2012	0,3%	65,6%	5,4%
2012>2013	-5,2%	19,2%	-2,2%
2013>2014	-5,0%	11,0%	-2,0%
2014>2015	3,0%	-2,0%	0,1%

Fig. 9: Relative evolution 2009 to 2015, of print and digital sales in the UK.
Data source: Publishers Association, Statistical Handouts.

最强势的上升，达到了65.6%，之后就开始下滑，当然这也可能是它的电子书的出版量处于一个比较稳定的状态，不再怎么上扬了。非常值得观察的是，在英国每个细分领域的电子书都以17%的收入下滑呈现。

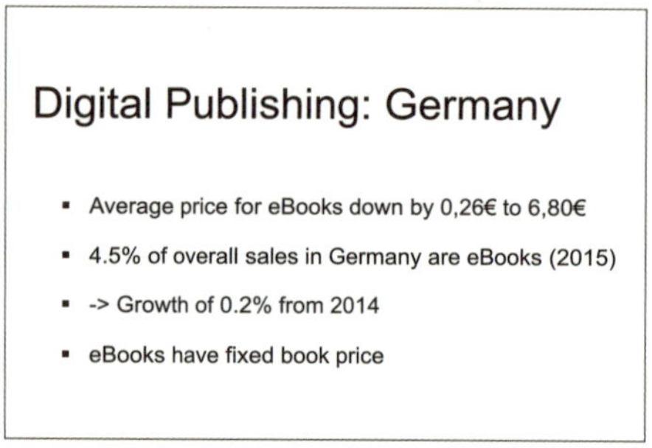

在德国我没做出这么美的图，而是带来了真实的数据。德国电子书价格在下降，平均下降了0.26欧元，现在一本电子书的平均价格是6.80欧元，跟中国的电子书相比它的价格依然是非常高的。在德国，电子书的价格是这样稳定的而且是相对比较高的价格，是与德国的图书定价制度有关，只比纸质书低20%左右。虽然英国的电子书处于下滑的趋势，但每个细分市场还是有17%的占有率，而在德国只有4.5%。看到这一点，我们至少可以对德国的图书市场得出以下的结论：德国的电子书市场并没有形成对纸质书市场的竞争关系，这么多年也只占4.5%；第二，对于出版商而言，它也没能形成非常值得大力投入业务的能力。

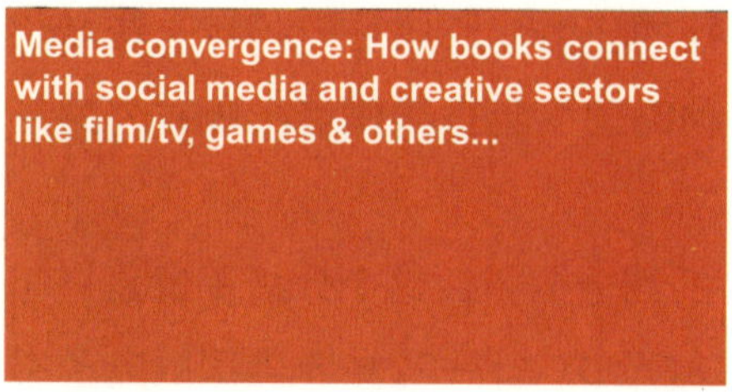

这页之前看到的所有数据都是各国书商及出版商协会统计的数据。他们还是在传统的出版领域里统计他们的出版商出了多少的电子书，统计他们的中盘商、零售商买

了多少，但是他们无法统计到跨媒体的内容，比方说出版的内容图书的内容有多少是跟游戏结合起来形成新的内容以及内容收入，还有到电影，到电视或者是到音乐形成的内容还没有统计。Volland作为法兰克福书展开展新业务的高级副总裁，他是非常关注这一块的，所以在法兰克福书展上以前就尝试在书展上吸引更多电影界的人，做story drive这样的国际会议；在中国也做过好几年。它是把电影、游戏、互联网、社交媒体都打通，来看图书产业书生产的内容如何跨界。

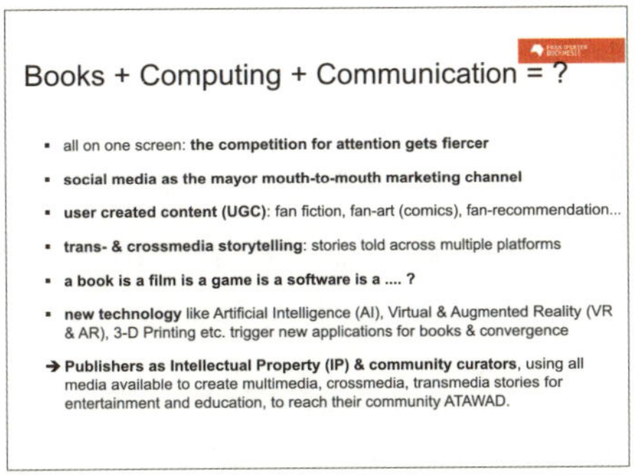

所以大家特别不能忽视的一个力量就是社交媒体，因为在出版界有一句老的名言“对一本书最好的推荐是口碑推荐”，社交媒体是对口碑推荐最吻合和最强势的手段。当大家知道我想你推荐一本纸质书，用社交媒体的方式，在这个过程当中会产生很多的附加值，比如我会增加个图，增加点评论，各个方面。这些被增加出来的东西就是用户自己生产的内容。比如像《五十度灰》这样的自出版后来被正式出版的内容，它也是通过粉丝的传播方式。在中国，粉丝是个非常重要的力量，另外中国更多的online互动是通过手机来传播。所以需要强调的是，无论是德国书商及出版商协会还是英国人、美国人做的统计数据都无法完全充分地反映这个行业的勃勃生机、它的动态。这种跨界联动产生的新的价值，到目前为止没有一个机构也没有一种工具能够统计。大家还要注意到，还有些新的技术手段加入到这个内容的产业中来，比如虚拟现实、人工智能以及3D打印等等，它们也会带来新的产业连接点，带来新的公司的生长，这些都是无法统计的。但是出版的内容（Publishing Content）是这些的源头。所以我们也许要重新定义我们作为内容生产商——我们管自己叫做出版商的身份，我们真的就成为IP（大家都知道IP就是知识产权Intellectual Property）

的策划者，把它延伸到出了书之外的各个其他内容领域。

这里给大家带来一个欧洲的事例，来讲述这个新的发展趋势。EGMONT是北欧的一个比较强势的出版集团，它现在给自己的定位是内容制造者（producer）的角色，他们非常注意娱乐化产品的生成，他们在网站上做的使命已经不是一个传统的出版人——我要做出好书——这么样一种说法，而要给孩子出的这些好书要扩散到所有的孩子，各个年龄阶段，使用到的方式比如游戏、玩具以及插图等等来呈现不同年龄段所应该了解的世界。别的出版集团如果要做游戏或电视，会通过外包来合作，EGMONT像WDR（德国西部电视广播集团WDR媒体中心）似的，它的一个形象、一个IP拓展的非常深入来进行全媒体的发掘。

这个大饼呈现的是图书在全球媒体的生态环境占比——蓝色这部分——是非常有实力的。大家这张图都要彩色的打印出来，等如果你有一个牛气冲天的做电视的朋友跟你说他们特牛的时候，你可以说“这张大饼告诉你们我们做书的更牛！”

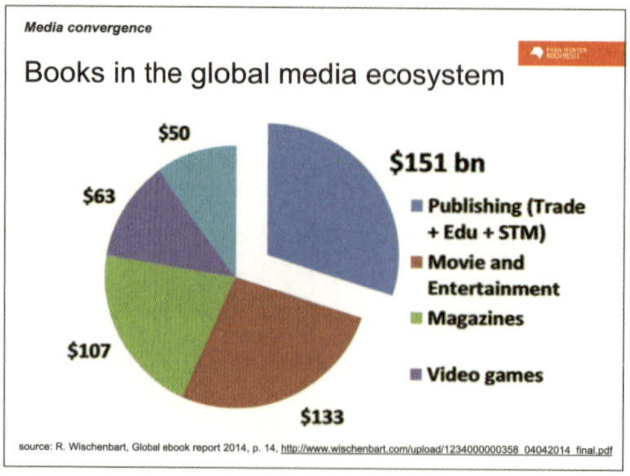

再次要强调的是，书是多么的伟大，它生成了多少部成功的

电影，经典书籍比如《飘》，以及《哈利·波特》《饥饿游戏》等等近年来的几个例子。

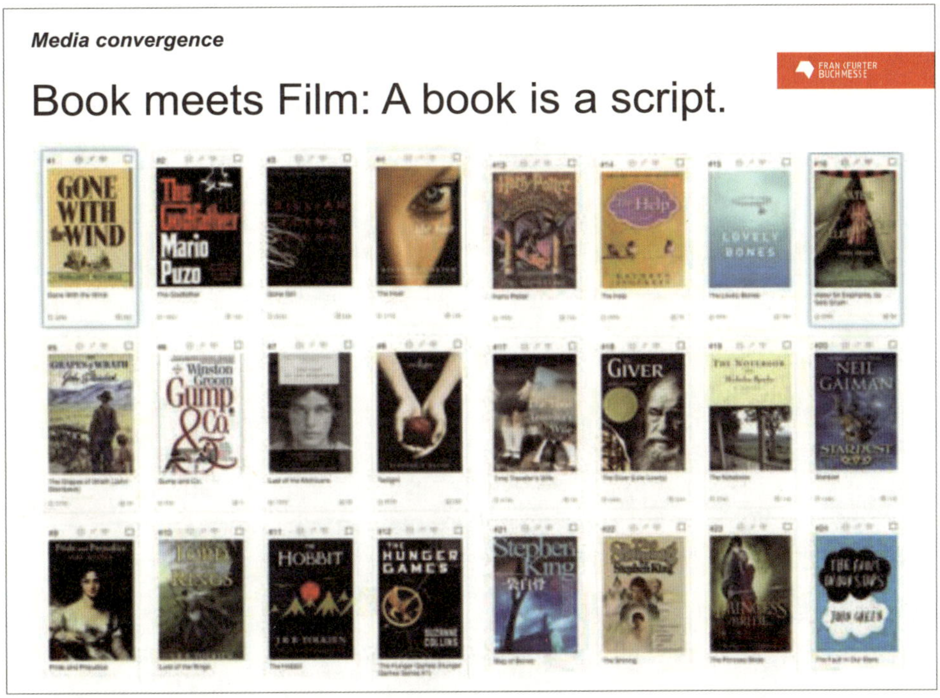

还有特别值得关注的是，这一类关于超人和英雄之类的电影，它们的源头都可以回述到50年代的漫画书。

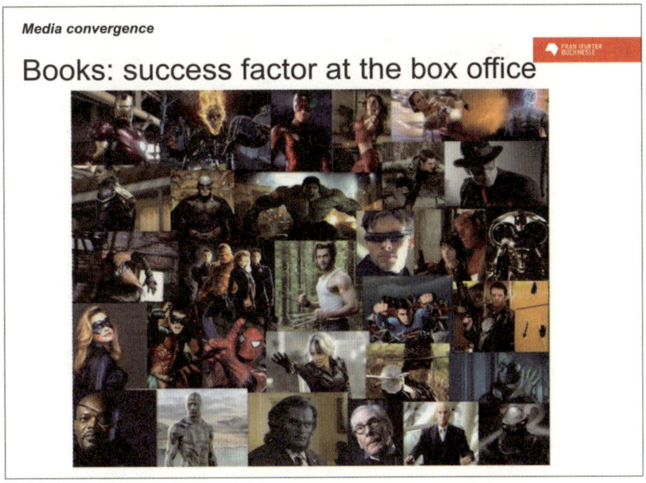

特别有意思的是，好莱坞的一些有比较成功票房的

电影，有百分之多少来自于书的内容呢？1984年是23%，1994年少一些是19%，2004年更少只有14%，到2014年占22%。这个数字给大家一个比较持平的发展规律。其实真实数据要比这个比例大得多，因为这里统计的只是好莱坞的票房，还有很多独立电影人做的其他电影（意思是说从图书改编过来）。

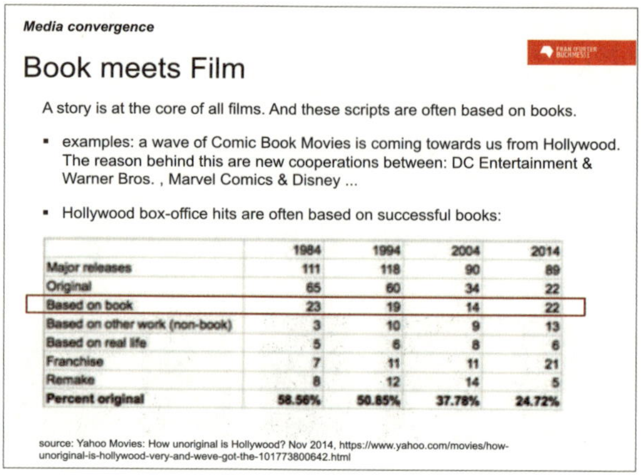

特别值得关注的一个现象就是，日本和韩国在很早的时候文化走出去的策略就是漫画（Manga）起了非常关键的作用，纸质书转变成了动画的形式。当一个国家选择了这样的战略和政策来推动的时候，可以把整个行业进行相当大的推进。

通过刚才的分析，我们看到了书和电影的关系，我们看到了一些跨媒体的形式，以及读者自己继续生成的内容等各种各样的形式，不管我们在谈什么，其实都离不开的两个字就是IP。整个的趋势是，作为出版商越来越多是IP的策划人。

Media convergence

Fans! User Generated Content & more.

Books inspire fans – and sometimes that‘s how new bestsellers are created – through User Generated Content (UGC).

- **Bestsellers like Fifty Shades of Grey** were once UGC: From serial fanfiction – to ebook – to print-on-demand – and then a literary agent helped to get it published in Vintage Books (Random House, 2012, USA). Today it is translated in >50 languages, > 100 mio. copies sold.
- **fans‘ and readers‘ communities** like **fanfiction.net, Wattpad (Canada), Goodreads (Amazon, USA) & Lovelybooks** (Georg von Holtzbrinck, Germany) connect communities – and are often set up and used for marketing campaigns by publishers.
- **communities form around all kinds of topics**, not only literature**: cooking** is a favorite, with platforms like chefkoch.de (Gruner&Jahr, Germany) gathering 1,6 mio. unique users in Europe – or „The Happy Foody“ (UK, PenguinRandomHouse).
- **„The future of reading is social“, says futurologist and book expert** Bob Stein: The power of the community is harnessed to trigger reading experiences. Example: **Glose 2.0 (France)** which wants to become „Facebook for readers“.

Media convergence

Transmedia: Stories at heart.

Transmedia =

- a process where **elements of a narration** process get dispersed systematically **across multiple delivery channels** for the purpose of **creating a unified and coordinated experience .**
- The **user is expected and/ or is encouraged to generate content and interact**, becoming a contributor to the story.
- Ideally, **each medium makes it own unique contribution** to the unfolding of the narration process .

* definition by the Eurotransmedia consortium, 2015 cf. http://nem-initiative.org/wp-content/uploads/2015/10/3-Echchihab.pdf

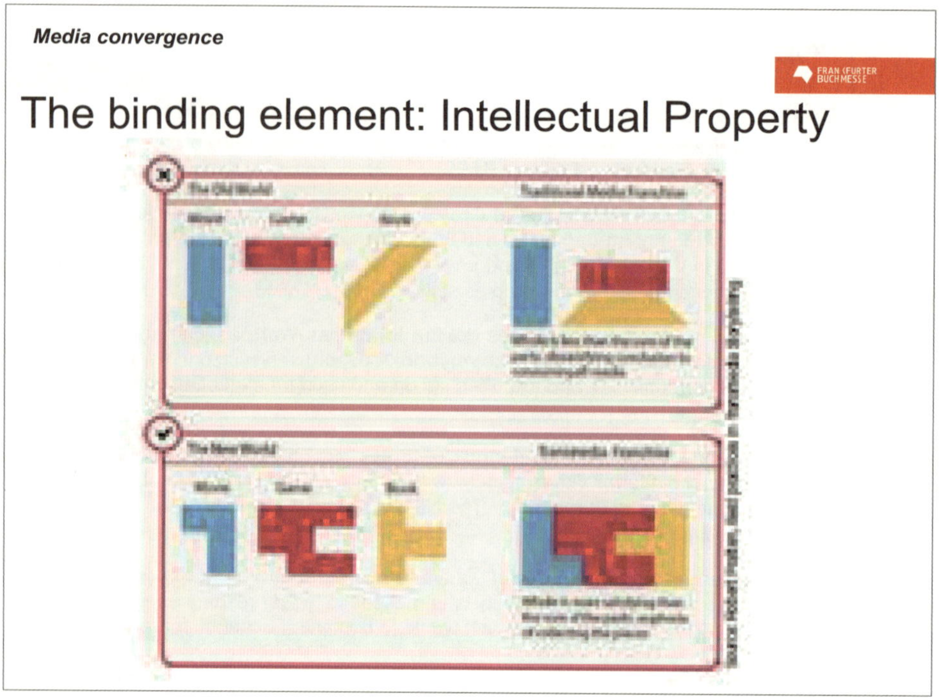

这是刚才Voss也讲到的，在法兰克福书展上封闭的但也最心脏式的房间——版权代理中心。统计了一下这600多张桌子，每20分钟就会有一场谈话，这几天下来总计会有10万场的商务会谈。

The Literary Agents & Scouts Centre (LitAg) at the Frankfurter Buchmesse, c Peter Hirth

在报告结

束之前，讲一下今年做的最新的项目——THE ARTS+（艺术+）。THE ARTS+是法兰克福书展上的一个新的展会。我们刚才知道有一个美食的展会是吧，现在又多一个。在这里想让出版商带着它的内容来跟技术结合。比方说，我是一个博物馆，我怎么把我的内容整个的数字化等等，在这个展区进行呈现。它的背后不是做一个活动，而是一个商业的理念，能促成全新的生命。再举两个例子：现在这个特别高能的照相机正在对非常有名的画做数字化的处理，这幅画本是挂在博物馆里，要买票才能观看，经过

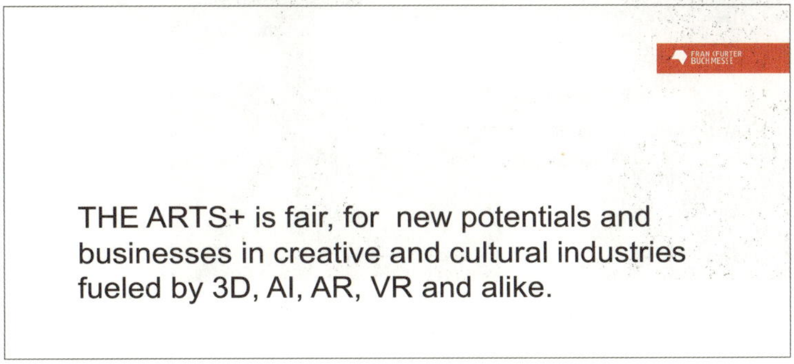

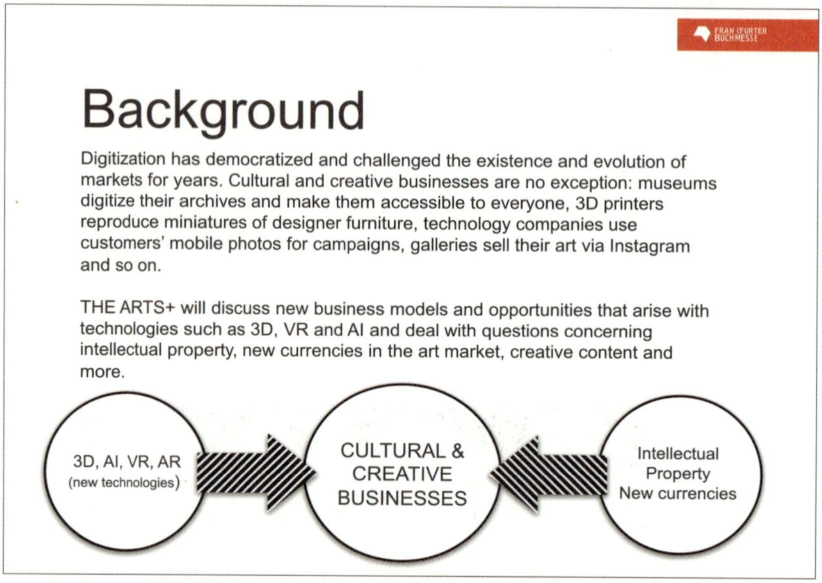

数字化处理之后，利用这些数据可以生成很多新的产品。你们听起来会觉得这不是什么新的事，几年前出版社不就这样做么？博物馆把这张画拍下来，做成一本精美的图录，然后卖这个图录。现在新的技术就不是像以前那样出版社拍了去做个图录然后卖，而是可以做很多新的事情，比如做虚

拟现实的展览，把图片通过叠加做成x光图片，做成很多新的效果，你不用去这家博物馆就可以有身临其境的感觉等等。但是谁来做这些事情？这些图片、艺术品的拥有者和博物馆做不到。所以很多很多的合作伙伴加入进来，

比如做虚拟现实的，做硬件的，做版权代理的，出版商，国家资助的文化机构等等，大家要重新形成这样一个新的合作伙伴团队来做这件新的事情。开创性的事情是目前世界上还没有这样的一个展会，这个展会目前放在法兰克福书展里面，当然大家都知道最终效果会怎样。现在处于孵化阶段，以后也许可以长成一个独立的展会。有一本书叫做《要是Google会怎么做？》（*How Google works*），这本书“扫描”各个不同的经济领域，在每个领域都提出问题：“要是Google会怎么做？”当然想这个主意时也会想要是Google来做会怎么做，然后就被吓了一大跳，因为Google已经做了很多了，Google已经把世界上900多家博物馆的艺术品做了数字化的处理，形成了数据库。所以我们把Google也请来了，Google是今年的会展重要的参展商之一。

这是一张“伦勃朗”的画，但伦勃朗根本就没画这张画，这不在他的作品当中。你们看好像色彩、脸以及一切的一切都是伦勃朗，但不是伦勃朗，而是把伦勃朗的画做了很多很多分层的处理，然后叠加在一起，所以形成的作品让人觉得无比伦勃朗。谁画了这张画呢？是一个科学软件，

它分析了所有伦勃朗的画里面的男人肖像，比如他是怎么画眼睛的，怎么画光的，怎么画伦勃朗的帽子的，怎么画脸型的等等。它做了很多很多数据的处理之后，你给这个软件一个任务“画一个伦勃朗的30岁左右的男人”，这个软件就能通过它所有的数据把这张画画出来。那么我们为什么需要这么一张不是伦勃朗但又像是伦勃朗的画呢？这个软件让大家发现现在作伪变得越来越容易了，但是它又给这个世界带来很多新的话题，目前还没有解释，比如说：“这幅画做出来后谁是版权拥有者？是这个软件的设计者，还是软件本身，还是拥有伦勃朗很多画的博物馆？”拥有了这个新的技术，虽然遇到了很多新的无解的难题，但另一方面至少可以做很多新的事情。展会邀请了做伦勃朗这个软件的设计者在19日的4.1展馆，会来讲如何把文化的内容生成新的商业。

法兰克福书展作为世界上最大最成功的书展，在做新的事情，希望不同的人来，做新的相遇并混合出新的业务。

问：THE ART+扫描到数据库里的那些画，只用于他们的创意还是说出版商和其他机构也可以付费或其他方式使用？

答：这些问题现在都没法回答，因为它是个太新领域的课题。但是如果是你，你会是等这些问题都有答案了才前进呢，还是愿意现在就带着激动的心情跟不同的人加入进来共同讨论一些新的可能性？所以我们的工

作不是生成这个行业、制定规矩，让它生成下去，而是搭建一个平台，让更多的人相遇来讨论无限的可能性，然后让这些人决定是不是还有新的生意愿意从这往下做下去。因为现在做的事是非常超前的，搭建的这个平台是非常具有未来感的，但是未来可能已经离我们很近了，相信在未来的几年，文化的内容要以这样的方式继续爆炸式的发展。

问：他们现在对AR、VR以及游戏的统计是不是在图书的范围内，德国有没有其他的部门对这些东西进行专门的统计？如果有的话为什么不和他们一起来合作办这个项目？

答：很遗憾，没有这样一个统计数据，目前的情况就是这样。因为很多国家的统计数据是不一样的，但是书业的统计无论是内容的生产还是销售很多都是通过自己的行业协会，而不是由外部统计公司来做的。尤其是现在在跨媒介这方面也没有这方面统计。考虑到每个行业的水也很深，标准也不一样，再加上国家和国家之间不一样，所以这方面的统计数据几乎还是一个空白。因为标准不一样，也没有可比性。

问：目前中国已经也有了可以用AR直接看的书，德国现在有没有实例把AR和VR结合起来的书？

答：德国主要是很多漫画跟AR与VR合作的，所以你还是要去THE ART+，那里有很多这方面的项目登场。

问：在THE ARTS+展上能不能看到一些虚拟实境跟教育结合的公司和展品呢？还有VR技术在职业教育虚拟实训上的应用。

答：在THE ARTS+里有个数据库，其中有一部分是关于教育的，但还是建议去法兰克福书展4.2展区的未来教室看看，那里有很多VR、AR的实例。

第三讲：
童书及其版权的新趋势、书展对插图的推广及儿童产品的数字版权动态（创意产业）

主讲：Margit Müller女士
德语区儿童出版读物联盟AVJ的总经理

Birgit Fricke 女士　书展童书馆负责人
记录整理：陈艳梅

■ 介绍主讲人

Margit女士是德语区儿童出版读物联盟AVJ的总经理。她将会给我们介绍德国儿童读物出版市场的情况。

Birgit女士主要负责德国及国际的儿童媒体市场。她将会介绍书展如何支持儿童读物出版。

■ Margit女士介绍德国儿童读物出版市场的情况

1.1 德国青少年图书的48.2%是通过实体书店销售的，17.4%是网络书店销售，20.9%是通过出版社的直销。对青少年图书的发展来说，德国的出版商和中间商的环境很优良。比如，24小时响应系统。另外还有两个优良环境：一是定价制度，出版商来定图书的价格，在销售的过程中任何书店以及其他渠道都不能打折销售；二是图书作为文化产品，享受7%的增值税。

1.2 从营收来看德国各类图书的市场份额：2015年统计显示，占32.1%的是虚构类文学类图书（和上年相比，下滑1.6%），第二大份额的就是青少年图书15.8%（–1%），虽然也有所下滑，但比其他门类要好很多。这和德国的国策相关。二战后，德国从政府到民间都有个共识，要从小将孩子培养成阅读者，因此在青少年市场花了很大的力气，不断提供优质的、丰富的内容，让他们从小热爱书热爱阅读。

1.3 德国儿童图书的细分市场：

◎绘本

◎故事类图书（童话、传说、诗歌、歌曲等）

◎学前最初读物

◎学前至11岁的读物

◎青少年图书（12岁以上）

◎传记类读物

◎非虚构类知识性读物

◎游戏书

◎学习读物

2015年，6–11岁读物市场占比最高，其次是青少年图书（12岁以上）。《哈利·波特》出版的年份，幻想类图书会激增。

1.4 德国童书市场各领域的销售额（哪个领域销售收入最多）。

2015年，德国新书有9 081种，占全市场的11.9%。而2014年是8 142种，一年中增加了1 000种儿童新书。

为什么这一年中会增长这么多？一般每年的新品种是很稳定的，有时候还会下滑。2015年却增加，可能是因为出版商有些迷茫，不知道孩子到底喜欢什么，所以拓宽了书的种类，各种各样的都提供给孩子。这部分新书品种的数据不包括漫画和学习类图书，只是纯粹的儿童读物。

1.5 新出的出版物中的翻译图书。

翻译读物是1 812种，在整个新书市场占比19.2%。

1.6 德国童书版权输出情况。

2015年童书的版权输出情况：765种输出到中文地区（包括简体和繁体）。其中333种是绘本，227种是非虚构类知识性图书，13种是睡前读物，21种是学前识字，17种是6-11岁儿童读物，12岁以上青少读物是46种，学习类教辅56种。

1.7 介绍AVJ机构。

德语区儿童出版读物联盟，德语区独一无二的组织，加强出版商的合作，促进图书阅读和图书贸易。成员有上百家来自德国、奥地利和瑞士的出版商，全都是少儿出版商。某些大出版社（出少儿类的）、一些磁带CD的出版商也是他们的成员。

AVJ机构网址：

www.kinder-jugendbuch-verlage.de

各出版社在这个平台上有英、德两种语言的网页，可以查阅到出版商信息、所属作者信息、出版物信息、插画家信息等。这个平台是一个非常实用的数据库，几乎德语区所有的童书出版社在这里都可以找到。

同时，AVJ还会出一本英文的童书版权书目。每年博洛尼亚书展前都会印制一份本年度的德语区新书目。

Birgit女士讲述如何在法兰克福书展上筹备童书媒体的展区

他们会分成不同的小组，将儿童阅读、儿童教育、儿童媒体、儿童社区放进去。

除了法兰克福书展这五天之外，他们平时要做很多与童书有关的事情，比如组织童书的作家、翻译家、编辑去其他国家考察、参加展会；也欢迎其他国家的出版商来德国考察童书出版情况。

有人说法兰克福书展上对儿童媒体的展示远远大于博洛尼亚童书展，是这样？是，又不是。博洛尼亚童书展当然是世界上最重要的儿童书展。法兰克福书展上对童书的展示和它不同的是：博洛尼亚书展上展示的都是出版商，但是法兰克福书展是综合的，有很多跨界的公司、媒体，如儿童玩具、游戏公司等，都会来到法兰克福。另一个大区别是，法兰克福书展前三天对专业人士开放，但后两天（周六和周日）对公众开放，无数家长带着孩子来参加许多许多的作者签售会，会场变成一场阅读的狂欢节。德语区的出版商最为受益。其他地区的出版商也可能有商机。

※ 展会上的活动：

1. 新锐插图画家的颁奖；

2. 德国青少年文学奖的颁奖（不限于德国作家的作品，只要是德语出版的国际儿童文学出版作品都可以参评、获奖）。二战后，大家都意识到要培养孩子，打开孩子们的心灵，特别关注要让他们了解其他文化、历史，拥有人类的认同感。

3. 插图画家、作家以及为儿童文学做出贡献的机构合作颁发奖项。

法兰克福书展展出的不仅是书，还有很多关于儿童的全媒体、跨界的产品。如Swatch，今年展会上会展出一个教孩子读表的产品。在书展上还有很多非书籍产品。另外，形象授权也是法兰克福书展上的一个很重要的内容，如“彩虹仙子”。

下周三法兰克福书展上将会公布他们新设的奖，奖励今年最棒的儿童电影。

在3.0儿童展区还有个特别为插图画家创造交流机会的“插画角”。今年邀请了熊亮。

法兰克福书展在转型，筹划设立全球插画奖（Global Illustration Award），希望借此发现更多的优秀的插画人才。他们在中国的合作伙伴是侯明亮的一家公司。

书展公司还会到全球各国举办书展，其中少儿产品是非常重要的一部分。如果出版商想让自己的产品参加书展公司组织的其他书展活动，需要缴一定费用。

问：上面提到的奖项是怎么评选的？请专家评，还是大众投票评？

答：以上奖项都是由特别专业的专家评审，不是随意投票。德国青少年文学最高奖项，除了专家的评审外，还有一个由青少年组成的阅读委员会，也会参与投票，所以，这个奖项评出孩子们非常喜欢的书的机率会比较高。

问：他们的童书除了上面提到的读书活动、作者签售等，还有哪些推广形式？

答：还有很多其他推广形式，有的是要花钱的，比如做广告、走玩偶等等，这些都是要花钱的。如果有重点产品、作家等需要推广，可以提前和童书部的团队商量。他们会为产品量身定做一套方案。如果有合适的嘉宾，可以参加高端论坛，比如，周五当天在Business Club有对全球阅读推广的全天讨论活动。

问：中国插画家有没有入围“全球插画奖”？与国际上的插画家相比，中国插画家的水平如何？

答：“全球插画奖”是第一次颁奖，周四下午才公布结果，现在还不知道谁获奖。中国有特别优秀的插图作品和插图画家，而且也有很中国的风格。但很遗憾的是，全球都在开始向欧美靠拢，因此，中国的插画家一定要非常自信，保持自己的风格。

问：全球插画家奖项的范围是不是只是限于图书插画？商业插画算不算？

答：全球插画家奖今年是第一次颁奖，所以有很多不完善的地方。这个奖项应该是比较全方位的，童书类的、动画类的都会有。

问：之前有没有中国儿童文学作家在法兰克福书展上做过活动？效果怎么样？

答：书展上因为是德国孩子参加的比较多，所以很多做活动的都基本上是德国的。希望能有很多好的中国童书版权卖到德国来，也有可能是中国的插图画家与德国的作家合作。鼓励大家与德国出版商接触。

第四讲：
德国文学图书推广的筛选机制及平台

主讲：*Buchjournal*主编 Eckart Baier先生
记录整理：董理

德国的客户杂志

德国有6 000家书店，包括连锁书店、贩卖手工制品的小书店等，其中3 100家是德国书商和出版商协会（以下简称协会）的成员。德国每年的新书生产量约8~9万本，有大量客户杂志作为常规的营销工具。客户杂志可以供书店顾客免费索取，因此既是BzB，也是BzC类型的营销工具。有些大型连锁书店会运营自己的客户杂志，通常只在自己的书店内摆放。

*BuchJournal*的概况

*Buchjournal*是德国最有名的的图书营销宣传杂志，由协会旗下的服务型子公司mvb运作。该杂志无法在报刊亭购买，属于行业内部发行的客户杂志。*Buchjournal*代表协会运营，向全德国的书店免费发放。

*Buchjournal*是全德国图书界发行量最大的杂志，其印刷量最高，发行的书店数量最多，且全产业链信息覆盖率最全。每期杂志的起印量为27

万册。在德国，杂志出于宣传的目的，为了得到更多广告投放量，可以自行宣称印刷量，这是行业内公开的秘密。而本杂志的印刷量经过德国一家最权威的中心机构检验，数据都是真实的。相比而言，其他杂志的印刷量可能会有水分。杂志的铺货范围包括德国、瑞士、奥地利在内的整个德语区，共2 700家书店，以3 100家协会成员书店计算，覆盖率为87%。除了主刊，杂志还运营一份起印量为20万册的青少年及儿童特刊。杂志的页数在64~88页之间，每年出6本，大约相当于双月刊。青少年及儿童特刊每年春、秋季各出一期。在德国图书界，书店一年的收益中半数来自圣诞节期间，因为人们会购书当作礼品相赠。杂志会提前发放一份圣诞节书目指导手册，起印量为20万册。

杂志的收入来源

*Buchjournal*主要有两个收入主来源——出版商和书商。出版商刊登信息需要付费，书店则需要付费购买。

杂志最主要的收入来源为出版商。书页广告分为硬广告和软广告两种。硬广告主要是书页上的溜边广告，软广告包括对作者的采访、介绍或者对一个话题的描述等。

书店本身也需要营销，与其自己投入人力物力去经营，不如购买现成的专业营销产品，这样可以促使进店的顾客购买更多的书。因此，杂志的确是一种有效的营销工具。书店需要大量购买杂志，并免费发放给顾客，这样书店也能为杂志提供一些收入。属于协会成员的书店如果一次性购买，那么前50册为免费，第50~100册每册价格为0.43欧元，第100~500册每册价格为0.42欧元，超过500册的部分每册价格为0.35欧元。杂志的可读性强，内容有趣，并且排版十分生动。杂志推荐内容最多的是虚构类，尤其是惊悚悬疑类，其次为非虚构类，再次为自助类和青少年读物。

其他公司，如旅行社、玩具生产商也会在杂志上投放广告，其原因与德国进书店的人群类型有关。

软广告的打造

软广告除了小漫画、暖心推荐等短小的形式外，也有长达几页的作家特写报道。杂志编辑部接受出版社的委托，自己完成内容及排版等工作，其身份类似于出版社的外包公司。杂志做的事情不仅限于发稿、拉广告，其定位相当于公关服务商。*Buchjournal*取得成功最大的秘诀或者最高超的艺术在于不让读者感受到自己读到的是一系列广告，而是普通报纸的内容，或是一份有文学内涵的深度杂志中的文章。有些书商甚至都不了解杂志中的文章是需要付费刊登的。按照德国《媒体法》的规定，杂志封面顶部已经注明杂志是与出版社合作出版，版权页上也用小字做了相应说明。与强调独立性的《法兰克福汇报》相反，*Buchjournal*必须标明杂志受到出版社、企业的资助。因此，*Buchjournal*体现了一种高超的营销手段。终端客户虽然能免费获取杂志，但是他们拿到的不但是广告页，而且是有文化内涵的杂志，其版面奢侈、大气、宽松、悦目、艺术感强，能给读者带来阅读享受。

软广告的具体形式

根据各家出版社的经济状况以及出版内容的差异，杂志提供不同级别的广告。最高级别是为出版社的年度大作等打造的封面故事，内容最多为3页。第二级别是紧跟封面故事之后，最多3页的重点推荐。例如，2016年主宾国出资刊登了2页介绍性的软广告。第三级别是1页的对某个作家的介绍。第四级别为2/3页或1/2页对某个作者或某本书的介绍，最低级别则是占1/6页的小贴士。

还有一种“主题桌”广告形式，是对特定主题的集中推荐，例如：“美国的惊悚悬疑小说”或“关于人性的自传”等。针对某一主题，杂志编辑团队从市场上自选数十种在德国市场有潜力的图书，然后广告团队根据书目询问相应的出版社是否参加本期的“主题桌”宣传。

杂志中最奢华的部分是封面故事，每一期从版面到内容都是量身定制，绝不重复。除了定制的板块外，杂志中还有许多标准形式的小软文，内容最多只能根据出版社的特定要求进行微调。因为从杂志的整体风格考虑，对每家出版社的文章都进行个性化设计会影响杂志风格的统一性。编辑常用的形式和手法，包括作者素描，或者专题、访谈、书评等。

杂志能够摆正位置，将自己明确定位为出版社的营销公关服务商，做任何决定都需要与出版社保持密切沟通，不能自己拍板。

与出版社的沟通方式

作为一份内容高端、丰富的客户杂志，运营需要大量的经费支撑。

例如，打造某位德国著名小说家的特写时，需要由出版社免费提供清晰度很高、艺术感较强的照片，并且必须保证版权归属是明确的。杂志提供各类广告形式的价目清单表，可供出版社选择合适的合作方式。作为公关营销服务商，如需打造上述的1页作家特写，首先需要出版社将一张不存在版权争议的作家照片以及作家的一本著作寄给杂志编辑部，编辑部在阅读作品后随即完成1页的文稿内容以及版面设计，然后传给出版社过目。有时，出版社可能会产生新的想法，例如更换图片，或修改、更正文稿内容。极少数情况下，出版社会对整篇文稿内容表示不满，要求全文替换。得到出版社的最终意见后，杂志编辑部对文稿进行终审、终校。印刷前，再由出版社进行审读、签定后付费并付印。每期杂志的页数都在60页以上，内容丰富，而杂志编辑部至少需要和出版社交涉两轮，工作量十分繁重，每期的文稿数量都达到100篇。但是这样的工作是值得的。杂志能利用自己的专业性讲好作者和作品的故事，使得出版社满意，并心甘情愿地付费，因而双方的目标是一致的。

各版面广告的具体费用

3页封面故事的费用为16 900欧元；3页作家特写的费用为11 800欧元；1页作家特写的费用为4 700欧元；1/2页作者或作品介绍的费用为2 400欧元；1/6页小贴士的费用为1 200欧元；封四和内文插页的硬广告

费用分别为6 900欧元和5 900欧元。

大型出版社的信息几乎会出现在每期杂志中，它们刊登软广告最多能得到七折优惠。

除了德国兰登书屋、S.Fischer出版社等杂志的大客户，小出版社也会利用杂志进行宣传。总体来说，杂志的目标对象是大众，而非专业人群。

出版社与杂志合作的好处

首先，杂志的发行范围广，覆盖2 700家书店，占领了德国6 000家书店的核心部分。杂志成功的秘密在于，杂志并不像广告刊物，而是一份高端文化杂志。内容的采写具有很强的专业性、可读性，类似新闻写作，既悦目也悦心。同样，杂志舍得投入成本，用纸考究，印刷色彩鲜艳。因此，杂志能真正被广泛阅读和使用，从而对图书销量产生实质性影响。

其次，德国有一家权威的调查机构——德国市场调查研究所。包括《明镜》以及*Buchjournal*在内的德国最权威、最有影响力的杂志每年都要接受两次检验。通过该机构的数据，杂志就能清楚地了解客户人群的人口统计学信息（教育水平、收入、阅读习惯等）。机构每年都会出一本很厚的调查报告。调查内容显示：全德语区人口中有15.9%（1 110万人）知道*Buchjournal*。每期杂志会有131万人阅读，对照27万册的印刷量，平均每本杂志由4~5人分享阅读，侧面说明了杂志的纸张品质极佳。阅读*Buchjournal*杂志的人群中50%的读者年龄层为30~59岁。71.2%的杂志读者为女性，这一点在意料之中，因为德国的阅读大军就是女性。50%的读者为大学本科以上学历。73%的读者每期至少阅读半本杂志的内容。调查机构的调查方式除了问卷之外，还有长达3个小时的个人访问（访问数达25 000人次）。全德国11%的人口每年购书量大于10本，而该杂志的读者群中有40%的读者每年购书量大于10本，是全国平均水平的近4倍。广告投放性价比TKP（即“每触及1 000人的花费”）为4.5欧元。在明星报纸上做广告的费用是在*Buchjournal*上做广告的5倍，相比而言，广告投放的性价比还不如*Buchjournal*。为了说服出版社投放广告，杂志将调查公司的分析数据进行精简，做成小册子，清晰、明确地呈现给出版社。

问：请问杂志每期的编辑人数约为多少？团队的构成是什么样的？

答：每期的编辑团队核心成员仅2人，包括主编和另1位编辑。另外还有1名设计师以及1个由10~12名自由职业者组成的撰稿人、记者团队。mvb运营的另一份杂志《出版周刊》与*Buchjournal*共享编辑部和广告部（包括6名员工）。mvb的市场营销部负责制作宣传页等。公司以集团性质，合力运营，实现资源共享。不光市场部、广告部和出版社关系紧密，编辑部也和出版社保持密切交流，例如在法兰克福书展上与出版社洽谈。

问：杂志是否和国外的出版社合作，例如中国出版社要推中文本图书，如何操作？

答：如果德国出版社无法承担费用，应当会与中国的出版社合力推荐作者、作品，例如从中方寻求翻译、营销等方面的赞助。

问：我自己也主编过本社一本类似形式的杂志，共运营了7年时间，每期发行量为2 000册，内容包括书评及作者访谈。包括编辑、组稿、校对，甚至装帧设计在内都由我一人完成，但是因为资金有限，没能办下去。如果能更早和主编先生交流，也许杂志可以存在更久些。

答：两者可能有较大差异。首先，两者所处的平台很不一样，为本出版社做的杂志可能性质比较单一。当然，也许你可以重新出发，用新的方式做一本新的杂志。

问：同一期杂志中如果多家出版社都想要封面故事推荐或3页内文重点推荐，是否需要出版社竞标？

答：不一定用竞标的方式，有时取决于出版社与杂志的合作情况。例如，兰登书屋2017年想做4期封面，显得过于强势，主编就与出版社协商，希望对方做让步。S. Fischer也是很好的合作伙伴。去年，有一个客户想做一期封面故事推荐，但杂志先前已经答应另一家出版社的要求，产生了矛盾。为了做协调，杂志将该客户的推荐改为3页内文推荐，并提供更好的折扣以及极佳的设计，这样对方相对满意。有些出版社会要求缩小封面头像并加上图书的图片，或者只放图书的图片，但为了统一杂志风格，这些要求会被拒绝。青少年和儿童特刊的封面设计则相对灵活。

问：因为电子杂志相对易于推广，许多杂志都有电子化的趋势，请问主编对此有什么看法？*Buchjournal*杂志是否有电子化的想法？

答：在德国，人们去书店总想拿到实体的刊物，回家还能继续翻阅并寻找相应的书。当然杂志也有自己的网页，提供在线阅读，但这不是人们的主要阅读方式，这与大众的阅读、购买习惯相关。从出版社的角度看来，除了与杂志合作，还能通过自己的网站以及社交媒体做其他的营销工作。

问：杂志刊登协会内部的广告，如“德国国家图书奖”的短名单是否同样收费？

答：协会内部在杂志上投放广告也要收费，当然价格比较优惠。同属协会旗下的法兰克福书展子公司刊登广告也要收费。

问：软广告文稿的写作方向由出版社提供还是由杂志确定？撰稿人团队是独立的还是完全服务于杂志？

答：出版社通常不提供文稿的写作方向，出版社充分信任杂志，因为杂志更加专业，或者说“专业人干专业事”。有时出版社的要求会具体些，例如某位惊悚悬疑作家出到第6本书，出版社会提醒杂志提及作者之前的作品。杂志充分了解如何最大程度地体现作品的卖点，这一点从杂志的发行量上也能看出。

第五讲：
Christopher Schröder谈文学批评

主讲：Christopher Schroder
法兰克福大学、科隆大学讲师，教授文学批评
同时还是足球裁判
记录整理：蒋卫国

介绍主讲人

德国知名文学批评家，或者说独立批评家，不属于任何机构和媒体，德国今年文学大奖书业奖的七个评委之一。

很高兴与大家分享自己的职业生涯。今天分享的内容分三个部分：第一部分是介绍德国文学批评的状况；第二部分是从个人工作、生活角度让大家真正了解独立文学批评家的工作和生活；第三部分作为今年文学奖的评委之一，是怎么做评委的。

一、德国文学批评的状况

首先对德国从1949年开始至今做一个简短的速写。二战后德国迅速恢复了报刊媒体的环境，当时在德国成立了著名的作家团体——四七社团，由德国著名作家组成，要重塑战后德国新文学。在四七社中，有君特·格拉斯、马丁·瓦尔泽等，还有被称为“文学教皇”的拉尼茨基等著名文学家。在这种生动的复兴的气氛下，德国的文学批评家们迅速找到了自己的使命感，要为作家做什么？怎么帮助作家？

但是到了90年代，文学批评发生了巨大的变化，改变了文学生存环境。比如1998年，因为互联网的出现，《汇报》发行量下滑了34%，另一份大报纸《南德意志》下滑了12%。又如，每年（法兰克福）书展期间在《汇报》上刊登的广告，也就是特刊，2000年的时候有64页，但到了2015年只有24页了。还有各大日报、周报如《时代周刊》等重要媒体上，2001年书评总量3 000多篇，到2010年的时候下滑到约2 000篇，大约减少了三分之一的量。从以上数字可以看出，在新的媒体环境下，文学批评变得微弱了。

从出书看，2014年德国新书总量84 000种，其中约3万种是文学图书，这其中有12 000多种是德国本土文学作品，而文学批评文章的量已经下滑到2 000，从中也可见德国文学批评的状况。

从文学批评形式上看，也发生了变化，比如《时代周刊》，是《汇报》之外德国文学批评的重地，以前以真正的严肃的文学批评形式呈现，现在呈现形式发生了变化，更多的是作家特写、专访。

问：为什么会发生这样的变化呢？

答：可能是因为读者更愿意了解作品背后的人，谁写的？他是什么样的人？他对社会对生活是一种什么样的观点？或者极端地说读者不愿意听批评家来教育他们，告诉他们这本书好不好。

问：那作为批评家，你感觉自己还有用吗？（感觉如何）

答：我当然继续要当我的文学批评家了，因为我知道，作家们是期待他们的作品被专家点评和理解的，是更愿意他们的作品被评论。我是《时代周刊》的撰稿人，我当然愿意写评论，但如果周刊需要我采访，要我见见作家，写篇专稿吧，我也只能这么做，因为得挣钱哪。

但要说明的是，不要误会，在德国文学批评界没有产生危机，而是报纸产生了危机。大家一听到文学批评，就会想到书评这种文字形式，要发表在哪儿；在德国完全不是这样。德国有特别强有力的阵地进行文学批评，那就是广播，比如有德意志广播文化频道等等，有非常好的传统的文学批评的生态环境，每天都可以听到形式丰富的报道，如书评、对作家的描述报道，等等。

在互联网上，也有非常好的文学批评的环境，《明镜周刊》《时代周刊》都有网络版，与他们的文字版不同，是独立的。他们都有自己的文学批评频道，这些频道都有自己单独的预算，可以独立地在网络上进行文学批评。

通过做德国图书奖评委，还深刻地感受到另一种形式的鲜活的文学批评力量，那就是博客写手，其中有特别有影响力的，也有面对很小众的，他们汇合在一起形成庞大的读者群，他们最大的力量是赢得读者的信任。

问：中国的博客已经衰落，都改用微博微信公众号了，怎么看？

答：看来德国与中国相比，在互联网的传播上要晚好几年，现在德国博客非常火热，在今年3月的莱比锡书展上，还举行了一个博客大会，许多网络上的写手聚集在一起。作为文学批评家，不觉得是我的竞争对手，反而值得鼓励，不同的人，不同的形式，只要讨论书，就是好事。但有些博客写手，尤其是现在比较有影响力的，他们反而比较极端，认为自己代表着新的文学批评潮流，而我这样的代表了传统的文学批评家，应该走进历史了；但我不这么认为，应该是并存的生态。作为文学批评，永远不可能做到完全排除主观，但作为专业的批评家，还是要尽量做到设立一个客观的标准。

问：博客在德国怎么传播？

答：主要是在脸书上放链接，读者再回流到博客上。德国图书奖也有脸书，今年就邀请了6位博客写手来评论长名单和短名单，他们写的文章链接就放到图书奖的脸书上。

下面讲述电视对文学批评的呈现。在德国，有一种特别传奇的电视形式，现在已经死掉了，那是1988年创立的，延续到90年代中期，四个人坐那儿谈书，节目叫文学四重奏，对当时整个文学批评界产生了震撼的影响。四个人都是文学批评大家，只要他们谈到的书都能成为畅销书，甚至在节目里骂得不可开交的书，不管是好的坏的。但这个时代已经一去不复返了。因为通过媒体环境的变化，人们越来越不需要一种权威的声音，在意见这件事上，有越来越民主的倾向，有自己的意见，这也完全体现在文学批评上，就比如我女儿也有这样的倾向，就如作为足球裁判要树立权威也比以前难多了。

补充说明，一年半前，文学四重奏又回来了，换了一拨人，但现在这种形式受到了特别多的批评。

四重奏的消失可能还有另一个原因，可能跟美国一样，严肃文学和通俗的消费文学的界线正在消失，就看看昨天诺奖吧。

问：那就谈谈昨天的诺奖吧。

答：我跟所有人都吵了一遍了。整体来说不是特别感兴趣，但对昨天的结果仍深感不满。并不是觉得诺奖不能发给这样一个人，而是发给一个美国人，但是在美国还有好些作家，他们早该得奖了，但他们可能再也不可能得奖了。

再回到权威性这个观点讲个故事。我女儿20岁，她看了一部话剧，认为特别好。第二天《汇报》上有批评家骂得体无完肤，我拿着报纸给女儿看，但我女儿看了一眼说：凭什么他比我更有发言权呢？这是文学批评的权威性在当代的反映。

当我刚开始从事文学批评工作的时候，有这样的憧憬，我写了一篇文学评论文章登在德国有影响力的报纸上，星期六早晨，读者早餐的时候读着这份报纸，吃完早饭就出去买本这书，但现在这样的影响力没有了。

那么文学批评以及作为文学批评家还有什么意义？S. Fischer的文学总编辑给了我一段话：文学批评家对产生畅销书失去了意义，但其他功能还都在，对呈现经典还起着不可缺少的作用。当我们远离喧嚣与尘世，透过时间过去后留下的经典，我们会看到文学批评还在塑造这些作品。所以文学批评是文学的守护者，也是传递者，在书商、出版商以及其他文学推广机构间起传递作用。

问：在德国，大家都愿意给批评家寄书，你每年能收到多少书？

答：本来要在第二部分谈这个的。德国出版社春秋两季大量出书，会收到大量书目，我会从中挑选感兴趣的书，出版社得到反馈后寄书；德国大的报纸会替我要书；有些出版社也会主动寄书，附上客气的信，当然我不喜欢这种方式，尤其是当了评委后，家里到处都是书，书架危机了。（有几个书架？）走廊里书架摆满了，客厅里书架也满了，妻子不允许在卧室摆书，现在最大的希望是下个月女儿能搬出去，可以占据她的书架。有时候真想扔了，有时候也会送掉，但永远不会去出售挣钱。有朋友在旧书店工作，会送给他。

二、作为文学批评家的工作和生活

我大学学德国文学、哲学，1996、1997年还在大学时候开始给报纸投稿，写文学评论，这是我一直梦想做的事。最先给法兰克福一家报纸写本地的文学活动。当时因为写得非常好，报纸的副刊看中了我，副刊主编是一个非常有眼光的妇女，她现在是法兰克福的文化部门负责人。我一家脚进了法兰克福最好的副刊的大门，几乎所有大报副刊的大门打开了，因为能在德国非常高质量的文学副刊上发表文章，意味着我的文章合格了，得到了认可。非常幸运的是，我1997年踏进这个梦想中的大门，三年后媒体环境恶化，就再也没这个门了。

我运气非常好，在正确的时间到了正确的地方，到了很高端的报纸，同时自己也很能写。开始得很早，又在正确的时刻开始一直做到今天，因此建立了非常完善的人脉网络，比如德国非常重要的报纸都来合作，比如《时代周报》《明镜周刊》《南德意志报》，报酬最好的是广播，还有互联网的项目。跟广播的合作是这样，先写稿给电台看，然后去法兰克福电台录音，然后送到电台总部科隆播出。

这是作为文学批评家的工作，这是我最愿意做的，但还得做其他工作来养家。除了写作，还要做主持人、评委。在德国，文学生态环境非常好，每个城市都有文学馆，还有大大小小的文学餐厅，德国作家写作完后，经常要去各地举行朗诵会、对谈等活动，这些活动都需要主持人。这是两个完全不同的工作，一是在家里读完书自己写稿子，一是与作家在一起，而且要面对公众。

问：面对的是同样的内容，为什么不同？

答：就如今天跟大家坐在一起一样，那是个公共环境，而最大的挑战来自作家，作家都是不可预测的人，比如说他在来的路上把裤子划破了，或者他不喜欢酒店的房间，或者正为前一天一哥们儿写了一篇批评他的文章而生闷气，那这时候面对200来个公众，作家拉个大长脸。而且如果活动不成功，受批评的永远是主持人，主办方认为是你把事情搞砸了。但做主持人是写书评收入的四到五倍，所以所有这些挑战也要承受得起。

但做这两件事常使我陷入困境。作为批评家，常需要与批评对象保持独立、专业，然后对他进行客观的文学批评，而作为主持人，就得认识作家，常常要在一起，没准还能互相喜欢。有时候作家告诉你他出了新书，希望你还做他的主持人，而你觉得这本书还真不怎么样，但做主持人挣的钱又比较多，那两人间的专业距离就有点不好办了。

问：那你如何协调？

答：情况就是这样，在德国，人与人的距离是说“你”还是“您”。如果搞完一场活动，大家一起晚餐，喝了一杯，慢慢的从“您”变成了“你”，一个简单的原则是，不会去做不喜欢的或不是特别认可的书的主持人，会严格挑选。

问：那今年法兰克福书展会主持多少场活动？

答：今年只主持2场，而去年是15场，这与今年担任评委有关，有了评委的身份，出版社不敢邀请我，这影响了我的收入。

我有一个精神导师，现在70多岁，以前是德国西南电视台的负责人，告诉我，70年代批评家比作家挣得多，那时候可以在广播电视纸媒上出现，纸媒又可以转载，可以挣很多钱。

三、作为评委的工作

今年因为做评委，认真做了个调查，在德国有352个文学奖，听起来是每天一个了。我常常担任评委，但经常保持自省意识作为评委，你会觉得自己很重要，而且德国文学是个很小的圈子，经常在这里碰见这人在那里碰见那人，让你感觉非常舒服，但要保持清醒，你出了这个圈子，就没那么重要了。

我非常喜欢做评委工作：一是自己心里非常欣赏的作家，可以为他们发声；二是作为文学批评家，大多数时间是孤独的，就像坐在黑洞里，自己面对自己写作，做评委可以与同行们真正地就书进行交流，这是让人非常快乐的。

当协会邀请我做评委时，这对我也是很好的机会，我没有被任何一家报纸雇用，这对我独立书评人的身份也是提升。

问：作为评委，书业奖长、短名单公布后有没有什么压力？

答：确实心里有恐惧感，前几年长、短名单公布后，整个评委得到特别激烈的批评。正因为这样，心里做了充分准备，尤其是短名单公布后，有一个激烈的批评是，怎么就一个女性？我可以理解大家的心情，也有充分的理由回答，今年还比较平静。

问：怎么面对名单公布后的压力？

答：跟产生短名单的讨论会相比，这些都不算什么，这是我经历过的最复杂的的挑战。短名单的讨论会开了8个小时。评委7个人都关在柏林，进行了8小时的讨论，中间只休息了半小时，那是8月底，德国有30多度，争论激烈，但对6本书讨论的温度还高于屋子里的温度。得给书商协会一个强烈的建议，下次要给房间装上窗帘。

问：讨论结束后，你们7个人是朋友还是散伙了？

答：散伙了。7个人可能都不认识，大家观点不同，选择不同。开会前大家达成了共识，就是大家都可以受伤害，因为每个人都有自己心爱的作家，选择都不同，肯定要撕扯的。

问：在中国，大家会用不同的方式送送礼，你是不是也会遇到这样的问题？

答：评委名单公布后，有不同的跟我表示亲近的方式，比如试探性的询问送什么书好，还有一些大出版社想约晚餐。但我是独立批评人，必须维持人脉关系，我立了规矩，都自己买单。也会出现尴尬问题，比如之前提到的S.Fischer的文学总编辑，是我最好的朋友，最信任的哥们儿，也要处理好关系，跟他也立了规矩，担任评委期间就不见面了，见了面也不谈论。这也是当评委做出的牺牲，当然星期一公布后又可以见了。当然还有困难的，长名单上有个作家是老朋友，但他没上短名单上，这期间也不见面了，真不知道公布后还是不是朋友了。

有时候作家会表示不参加评奖，今年两位年老的作家就拒绝参评，当然他们也没必要参加，他们已经足够好了。

问：Schröder先生除了是文学批评家、主持人、社会公众人物，同时还是足球裁判，这两件事怎么弄到一起呢？

答：我从6岁开始踢球，踢到16岁，1988年14岁就拿到了裁判证书，已经干了28年足球裁判了。这与评委工作是一样的，只是一个要跑。为什么说是一样的？在一件事情中你在场，但你不是事件的主角，你是一个观察者，必须是客观判断。在德国特别有意思的是，很多足球裁判的职业是警察。

问：Schröder先生作为书评人，您写的文章或者说喜欢的文章是什么样的风格？德国文学批评界有没有主流的倾向？

答：写作是从书出发的，书是什么样的，就要以什么样的风格评论，没有一以贯之的个人风格，比如评论处女作，要非常贴近文本。但如果是非常知名的作家的新作，话题涉及女性、星象、环保等，就要从社会学、哲学的角度去切入，要根据具体的书来写作。特别热爱文学批评，也经常读老批评家，他们有大知识分子的风格，比如大哲学家阿多诺那种高冷的风格，但对今天好像有点奇怪，我很想以平易近人的方式写作，能被大家阅读。我的文学批评不是学院派的，是写给大众的。

问：有人认为德国文学要重视讲故事，但有人认为文学不用好读，就是要有挑战性，你怎么看？

答：我就像是坐在玻璃房里，大家都能看见我，我不能只代表某一种观点。首先我每天都干这事，我不觉得德国当代文学非常沉闷；而且文学应该有一定的语言挑战性，如果一下就展开故事，只是追求情节，那为什么不看电视？做文学批评也一样道理，就是要感知人文的复杂性。

问：作为文学批评家，如果您喜欢的一位作家写了一部您不喜欢的作品怎么办？

答：这个问题很好解决。在德国，图书出版的专业性很高，作为批评家、主持人，最早知道信息，如果有兴趣就去阅读，这样可以较早做出判断，等到新书出版后做主持人要一年以后了，完全有时间做出判断。这样的事情只发生过一次，在一场主持活动中的确遇到了不是特别喜欢的作品，结果这场活动特别不成功，因为大家都能感觉到了。

大家不要混淆的是，与一位作家登场做活动和作为文学批评家是两回事，作为主持人，你要让作家很舒服很舒展。作家从家里出来面对公众，也要支持他。

问：德国有没有专门的文学批评杂志？Schröder先生有没有博客？

答：德国没有专门的文学批评杂志，但有一些高端的综合的杂志，还有一些高端文化杂志，其中有一部分是纯的文学批评。作为文学批评家，在技术方面也是能手，有自己的网页，有Facebook。

问：严肃文学与通俗文学的界线正在模糊，您职业生涯中更多的是倾向哪种？

答：很难回答这个问题，的确这个界线在模糊，有时候很难做出判断这是什么类型，但有时候有非常清晰的界线，比如在广播里一本书的文学性是显而易见的，我们不要花太多时间在上面。但在大部分时间里，还是要提醒自己千万不要傲慢，而要用开放的心态。有时候我读那些特别有趣的书，觉得都是一种享受，也可以说是消费，因为我得到了享受。我觉得读托马斯·曼特别享受，也可以说托马斯·曼是我的娱乐文学。

IRMA LEVI
21.4.1905-
RIGA
JAKOB LEVI
25.9.1880-
LODZ

第六讲：
当前国际文学趋势分析

主 讲：Hans-Jürgen Balmes
费舍尔出版社主编
记录整理：李明非

当前德国文学现状及趋势

费舍尔出版社从文学平装书起家，号称“世界上最知名的文学出版社”。成立至今，推出了包括《安妮日记》在内的大批产生深远影响的文学著作，而《安妮日记》至今仍然是费舍尔出版社推出的最成功的书籍。因此，了解费舍尔出版社一定程度上可以了解德国出版业乃至德国文学的发展脉络。

一、德国文学销售板块的分布状况

1. 最大的销售板块是悬疑、犯罪、惊险类文学作品。约占全德国文学出版板块40%左右；

2. 第二个板块是女性、时尚类文学作品。有超过20%的比重，主要读者群是年轻女性以及家庭主妇、职业女性等；

3. 第三个板块是言情类文学作品，特别强调该板块区别于第二板块，适合阅读层次较低的读者群，不超过20%的比重，读者也大都为女性；

4. 第四个板块包括科幻、历史、情色及其他虚构类作品，约占20%。

从以上数据看出，在全德国70%的读者为女性，男性不到30%。而在这其中，英文版图书对德文版图书的冲击也很大。在以上数据里，其中德文文学图书板块所占比重不到20%。以英文版《哈利·波特》为例，该书自出版以来，一直高居德国青少年阅读排行榜第一名。一本英文畅销书如果发行6 000册，其中4 000册会投放欧洲国家市场，只有2 000册会投放英国本土市场。而德国市场更是重要投放地之一，可见英文图书出版商对德文图书出版的严峻挑战。而德文文学图书除了积极在德国各地书店加强宣传外，也充分利用各种可以售卖图书的大型超市、便利店、加油站等场所进行铺货宣传。同时，德国颇具影响的文学大奖也会对文学图书的销售有一定推动作用，但即使这样，销售情况仍难敌英文版文学图书。

鉴于当下女性读者居多的情况，如何引导男性尤其是男孩阅读成为德国很多出版社迫切的工作，以费舍尔出版社为例，针对如何推动男孩的阅读，他们采取与动漫游戏公司或影视公司合作，改编深受欢迎的动漫卡通作品、大型游戏或者影视中的英雄故事等。开始涉猎冒险、悬疑、魔幻类等题材，虽然这并不是费舍尔出版社的强项而且也不具备这方面的出版经验，但现在完全取决于目前的阅读大环境，读者喜欢读什么，关心什么，出版社就要去关注，所以费舍尔准备在未来五年内，立足目前的几大板块并有所提升和拓展。正因为目前德国的图书市场环境良好，全德国有3 400家书店或兼营书店，在全欧洲都名列前茅，其中有2 000家专业书店，对于读者来说，随时随地都可以买到自己喜欢的书，所以，在德国，阅读仍然是民众生活的必需。

二、德国与美国文学图书销售状况对比

在德国，书店卖的大都是精装书，当然也有平装书，但都不会放在书店的醒目位置。因为德国的图书定价制度保护，所以德国出版商推出精装书一般16个月后才会推出平装书。而推出平装书之前，出版商并不担心精装书的销售。

在美国，读者大都会选择通过网络比如亚马逊去购买图书，因为折扣相对比书店要高。同样，美国推出精装书后一般6个月就要赶紧推出平装书，否则会影响销量。

同样以费舍尔为例，为了协调与书店的关系，出版社专门组织了14人的经营团队负责与书店联系，共同制定图书的宣传销售策略。而同时，只委派2人与亚马逊联系，并不是不重视网络书店，而是亚马逊的工作人员只负责简单的录入和后台维护，并不直接参与图书的宣传销售，这点和书店的工作人员有很大不同。

目前，全德国的非德文图书品种，近三分之二是由英语国家（英国和美国）翻译引进，三分之一由欧洲国家通过书展等形式引进，还有一部分由欧美国家以外地区引进。这就要谈到文学猎头。文学猎头一般都会通过书展发现感兴趣的图书，也会直接与出版商或作者联系。现在，猎头们主要聚集的地方集中在伦敦、纽约、巴黎等，在非欧洲地区也有猎头。昔

日，伦敦因其有很多英联邦成员国家才成为版权交易中心。现在，纽约已取代伦敦成为世界出版交易中心。美国的图书出版，包括其文学发展趋势，直接影响欧洲乃至其他地区。从今年的诺贝尔奖就可以看出，美国的文化影响之大。

三、德国文学电子书与纸质书的生存状况

电子书在德国文学出版的份额只有10%。电子书定价是固定的，可能只比平装书略便宜点。对于大多数德国读者来说，他们还是更愿意选择纸质书。这里除了商家推出的电子阅读器价格过高以外，电子书的品种、内容也不如纸质书丰富。这方面还是得益于德国的图书定价制度，对纸质书的生存有一定的保护作用。仅在2015年，德国电子书市场就没有出现增长。而在美国，电子书占的份额高达35%，但也接近饱和，读者也越来越亲近纸质书。

在未来，随着年轻人群的成长，电子书会越来越受欢迎，这取决于书的内容和载体的更新，但大多数成年人或年纪更大的读者群，还是愿意接受纸质书。这一点，在将来很长一段时间，不会改变。

第七讲：
讲一本杂志作为平台，在德国推广世界文学包括中国文学的做法

主讲：Anita Djafari 女士
德国著名文学杂志*Litprom*总编辑
记录整理：吴小红

■先介绍一下这份杂志的历史沿革

按照德国的组织架构，这个杂志的性质是一个协会，是独立的、民间的、非官方的。在全世界也是独一无二的。迄今为止，这个协会性质的杂志已经有36年的历史。他们做的最重要的事是向社会、政府宣传亚、非、拉文学。该杂志成为第三世界文学的代言人。（但现在情况不一样了。）

一、在推广文学方面，如果推广美国文学等于把水倒在海里，我们更应该重视世界上其他被忽视的文学。所以该杂志的第一项主要工作是，提供翻译赞助给出版社，让那些不被重视的文化来加入和德国的文学对话。

这个杂志的经济来源，主要来自教会、杂志的会员，其中最重要、最大的来源就是法兰克福书展。法兰克福书展主席就是这个杂志协会的主席。虽然协会得到各方的资助，但杂志仍然坚持文学的独立性，也就是说，对作家、对文学的态度都是独立的。

他们的核心使命，就是与非欧美文学保持紧密的联系。其中最核心工作，就是对文学翻译提供赞助。主要支持亚洲的、非洲的、拉丁美洲的，现在还包括阿拉伯的文学，把这些国家的文学翻译成德语。这部分钱从哪

里来呢？从德国外交部获得这个资助。德国没有文化部，所以这部分事情由外交部来做。这36年来，无论这些国家的政治发生多大的变化，无论联邦政府哪个党在执政，外交部的这项资助的工作从来没有停止过。

到现在为止，有些国家，已经不属于以前政治意义上的第三世界，他们的政府也提供翻译资助。比如韩国、新加坡。和这些国家合作，就不需要再从德国外交部申请钱。这点值得中国借鉴。

再举个例子。2009年中国是主宾国，去年是印尼。每当有主宾国的时候，法兰克福书展对主宾国提出要求，政府必须对翻译的图书提供资助。而这个协会是书展前和书展后一直在做细水长流的翻译赞助。

二、除了提供文学的翻译赞助外，该协会认为，图书光资助翻译是远远不够的，还要找到读者。因此，他们还做一项特别重要的工作，完全没有商业目的的，帮助边缘文学进行市场营销。对小出版社来说，这样做会得到很大的帮助，对大的出版社，即使资金雄厚的出版社来说，也会表示特别的感谢。

跟德国图书商报同样重要的就是脸书。他们会把宣传册夹在图书杂志中或者上传脸书，宣传范围特别广。2009年中国担任主宾国的时候，余华在德国费舍尔出版的《兄弟》一书，就在德国的这个宣传册上上了头条，莫言作品也都曾经上过这个宣传册。

该协会主要通过两个途径推荐：一个就是刚才介绍的成立专家委员会，推荐非欧美国家的作品。另外一个重要的途径就是设立文学奖。这个文学奖是从28位作家选出，并颁给女作家。

这个文学奖28年前成立。现在情况与当时完全不一样。当时德国一些善良的人，利用民间的方式参与到发展中国家的援助中。当时推动这些奖项的人现在都老了。现在对人员和原则做了革新。为什么这个奖项给女作家？因为女作家跟男作家相比，得到的关注还是更少。

这是今年杂志文学奖的颁奖邀请函，时间是10月22号。今年获奖作家是印尼的女作家。有意思的是，去年印尼是法兰克福书展主宾国。但德国人对印尼文学一无所知，而今年这位作家的作品已经出版，大家就可以读到。

全年28位作家中，选出8位女作家获这个文学奖。特别有意思的是，在网站上是民主投票形式，任何人都可以投票。这个奖没有设立专家评委。这个文学奖的性质就是读者文学奖。这个奖项是由读者投票产生，而不是专家，所以作家也会感到特别幸福。最后的结果让大家都很意外，读者投票的最后结果是大家最不熟悉的作者、最不熟悉的国家，而且还是写得最厚、最复杂的一本书。

去年获奖的女作家是位加拿大人，但是有华人和马来西亚人的血统。世界是流动的，不要根据一个人现在所在的国家，来判断他（她）的国籍。这就是新的世界潮流，不以国别来界定作家的国籍。就像这个布克奖获奖作家生活在加拿大，但她还经常去香港等地方交流，与亚洲有很深的渊源。这就是未来，不以国别判断国籍，而是应该以他们文化之根来界定。

三、36年来，世界发生了巨大的变化。最大的变化就是全球化的潮流，似乎我们的文化相通了，似乎交流更频繁了，但从今天来看，我们的工作使命更加重要。很多人对陌生文学是心存害怕。虽然我们的相似性越来越多，但我深信，还是有很多大家陌生的东西，可以通过文学来学习。

现在对文学最有力的推广就是活动。活动一般都是举办知名、畅销作家的，人们会蜂拥而去。比如，每个城市都有文学馆，这也是这个城市高端文学的核心。每年圣诞节后，会举行一个会议加文学的活动。每年选一个主题、一个国家。用对谈、朗诵、工作坊的形式，最后以诗与音乐的表演结束。

去年印度尼西亚是法兰克福书展主宾国，他们的活动就没有局限于印度尼西亚，而是把东南亚都算进去。而且这不仅仅是法兰克福书展的活动，更是全德国的活动，来自全德国的媒体、记者和其他专业人士都会来。

最值得该杂志骄傲的事情就是反畅销书，反主流书。他们推在德国文坛上不畅销的作家，尽管这样，每次活动的票很早就一售而光。经验告诉我们，我们有足够的勇气和智慧，未来也应该关注中国的图书，中国本身也拥有多元的文化。

该协会还有项最核心的工作，是拥有真正好的翻译家，以及36年来形成的非常成功的网络。本来今天有一位实习生过来。他是学习汉语的汉学家，他与他们合作。他负责把所有德国社会关于中国的文学书评都放在博客上。他也是博客写手，也会写中国的文学书评。

工作是一件非常美妙的事情。虽然资金有限，但由于工作的方向是反对商业化畅销书，反对主流，对其他文化开放的态度，所以吸引了很多年轻人。年轻人不愿意屈从媒体的主流导向。比如，前面提到的汉学家主动愿意和他们合作。年轻人有好的想法，他们有丰富的经验，通过大家的相遇，都会觉得是在做一件特别有意义的事情。

法兰克福书展副总裁有提到，今年书展上还有一个品牌活动“世界欢迎你”。这个活动，主要是把世界各个国家的学者、思想家们请来，大家聚集在一起共同讨论翻译、文学，也讨论政治话题。这个活动就是由该杂志负责组织，德国外交部投资。

四、德国出版人脚踏实地的做事，而且仍然有一种情怀，他们认为：我们不应该是欧洲文化中心，而应该以文学的形式，打通和其他文化之间的对话。我们还有更多的事可以做。

另外一个关于这个杂志脚踏实地的例子：她们主动通过德国书商做营销推广。如果有人要买印尼的书，他们会主动帮助要买书的人和书商联系。

希望未来中国可以跟新加坡和韩国一样，政府提供资金，而他们用对德国市场的了解，选择合适德国的中国图书。如果这样，未来他们就可以用专业的角度，与自由职业者交流，判断图书文学质量、内容情况、未来的出版意向。

在德国，有家特别著名的日报，叫TAZ。现在杂志会和这家报纸合作，每年两次以副刊的形式呈现。其他的就通过网媒，以简报、资讯的形式呈现。现在杂志印量3千份，德国 TAZ报纸印量是6万份。借助报纸大的发行量，也可以推动原来杂志核心内容的发展。另外，杂志每两年还会和行业期刊合作，如与《德国图书商报》合作，发布值得关注的文学、作者、译者信息等。

下面再说一个杂志的成功案例，这是韩国获布克奖的作家信息。她也是该杂志最早组织推荐的。这是本2007年出版的图书，当时杂志做了很多推广工作，但直到今年获得布克奖，才火起来。在3-4年前德国政府得到韩国的翻译资助，该杂志负责对作家的采访、选摘，印好宣传册放到各个书店，当时书店没有反应。但这并没有白做。中国有句俗话：好事多磨。成功的图书需要火候和时间。现在这本图书上了《明镜周刊》德国畅销书榜题名，也上了明年诺贝尔文学奖提名名单。

我们认为，这就是我们的任务，就是发现，然后不放弃，坚持工作，耐心等待。的确有时会感到精疲力竭，有时候会感到情绪低落，没有人关注时，要坚定，等待那个时刻的到来。尽管如此，我们的团队还是非常快乐的，我们坚信不移这项工作的意义。法兰克福书展主席也非常支持、理解我们的工作，依靠这个强大的国际平台，我们有所依托。

问：1. 杂志成立36年来，不管国际政治变化、谁执政，杂志选欧美主流国家以外作品的标准是什么？是否选持不同政见的作家作品，还是流亡作家的作品为主？

2. 选好作品后，你们是怎么联系到这些作者？

答：德国和西方媒体，还有受西方媒体影响下的读者，对译介作家会有预设的好感，如果很有名了，已经是明星了，就不是他们推荐的重点。他们更关注的是图书本身，不是有明星效应或者有政治标签的作家。例如，伊朗流亡作家，在西方已经获得特别大的关注。但是他们想做的事，是新的文学发现。除了流亡作家之外，他们会寻找更多在他们国家写的特别好的其他优秀作家。

第二个问题。他们的工作方式像版权代理公司一样，与出版社联系，但又不是代理，最核心的不同，他们没有任何商业目的。36年来建立的人脉网络，选好作品是他们的核心能力，他们是免费为出版社服务的，是无私的。出版社把他们当成德国文学的过滤器，他们对德国市场和世界文学

的判断是非常专业的。

问：首先表达对这个杂志的崇高敬意。很多国家只是推荐自己文化的作品，很少有国家愿意主动推荐外国的作品，并提供翻译。我想知道您的杂志是怎么知道国外当地作品的出版机构或者翻译机构的？比如韩国作家的作品，你们怎么发现并且推荐？

答：这不是一蹴而就的，这是通过多年的积累，36年来建立的全球网络，拥有自己的核心团队来实现的。这个网络刚开始覆盖英国、法国，慢慢地现在能覆盖到伊朗、阿拉伯、中亚的国家，更不用说韩国和中国。他们的核心团队，触角无处不在，是36年来发展的结果。

译者特别重要，有些信息付钱给书探有时也找不到。而译者，不用特别支付费用。有些译者在合作时，搜寻和发现信息是免费的，他们拿翻译费。他们的译者，不是大众意义上的译者，他们都是非常资深的，对国外当地文学和作家都有自己的判断和了解。译者与当地的文化机构，如外交部、文化部、作家协会等文化机构都是合作伙伴。很多译者分别属于不同的机构，但自己又很愿意和他们合作。译者既是作者，也有别的身份，可以利用自己的多元身份和该杂志分享资源。

问：如果在网络上给作品投票时，是否会出现网络拉票的情况？

答：德国人很严谨。他们特别认真，如果没有阅读过的作品，他们觉得没有资格投票，是不会投票的，所以不会出现这种现象。如果出现这个情况，这个活动会变得不严肃，那就会设立专家委员会来选。

问：在我的版权经验中，当我向国外推荐中国文学作品时，更多外国出版社对小说更感兴趣，小说更能反应中国现代社会的现状，这是否也是这个杂志关注的？

答：是的，大家爱读的还是小说，而且是当代小说，但也不反对诗歌。诗歌虽然小众，但仍然很重要。比如，我认识很好的译者海曼，他翻译了于坚的诗歌，翻译得特别好。

现在大家最爱读犯罪小说、惊险悬疑小说。不能一概而论，在这类小说类别中，也有高质量的文学作品。不能笼统说是娱乐文学。裘小龙，在美国生活的中国作家，直接用英文写作的，他已经太了解西方人的想法，所以作品是属于比较畅销、娱乐化的高文学水准作品。但是他们不会推他的作品，因为他已经不是中国原汁原味的文学。

问：根据你们的工作方式，在选一个国家的作品时，是对文学作品做整体了解后做出选择，还是偶然的通过译者、文化机构的推荐？

答：如果要做到比较全面、公正，还是要有基本了解，不能很随意的。比如当时选莫言、余华等，都是有比较全面了解的基础上推荐的；在整个文学奖中，不可避免的会有偶然性和个人的趣味包含在内，但他们还是力求比较全面了解。

问：对德国读者，是否有什么独特的方式让他们能接受外国的文学？

答：唯一的办法，就是让这个杂志更加知名，在德国社会圈子里更有话语权和影响力。当我10年前接任这个杂志主编职位的时候，就和法兰克福书展主席达成共识：我们如果一直保留精英文学，就无法把世界文学的趣味传递给读者。其实读者没有固定的趣味，读者需要跟你的沟通，需要信任和相信你。不管什么文学奖，文学奖是非常重要的标杆；同时也是一个工具，可以获得读者的认可。

比如，Anita Djafari女士就是今年的年度女出版人。这是由世界非常有名的联盟——“妇女出版”评选出来的。她现在就是德国唯一获得该奖的女子（图书女神），她负责的*LITPROM*的知名度也随之更大。

我们前几天邀请做讲座的著名文学批评家和主编都在法兰克福，但是由于该评论家只对德国文学做评论，而主编主要做非德国文学的推广，他们从来没有工作交集。而最近，该评论人写了她的专访，未来有可能这个著名评论家也会写非德国的世界文学评论。这也许是她下一个新的工作方向。

FLORIAN ILLIES
1913
DER SOMMER DES JAHRHUNDERTS
1913 FLORIAN ILLIES
FLORIAN ILLIES
1913
1913 FLORIAN ILLIES
FLORIAN ILLIES 1913 ÅRHUNDREDETS SOMMER
ÅRHUNDREDETS
FLORIJAN ILLIES
Florijan Illies 1913. LETO STOLEĆA
Florian Illies 1913
Florian Illies
1913
«Magnifico»
CORRIERE DELLA SERA
MARILYNNE ROBINSON
«Vergangenheit ans Tageslicht der Gegenwart bringen»

第八讲：版权代理机构在德国的成功案例

主讲：Felix Rudloff德国著名版权代理

记录整理：邓海云

一、首先讲一讲版权代理人成功的要素

1. 寻找作家

首先说明，这里所讲的版权代理，不是一般我们理解的图书版权贸易代理，而是指为作家代理，与出版社之间进行洽谈。

在英美，有90%的作家通过版权代理公司，寻找出版社出版图书。在德国，目前也有70%的作家通过代理与出版社合作。

为什么需要代理呢?

出版社希望与代理公司合作，因为担任代理的人员是出版及文学双方面的专业人士，可以帮助出版社初步筛选作品，为出版社节约时间，同时，因为对出版社的出版重点和强项也比较了解，可以有针对性地推荐作家和作品给出版社。

Felix曾经长期在德国一家高端人文文学出版社工作，前几年开始成为作家文学代理人，希望能更加接近作者，了解作者。无论英美还是德国，出版圈子并不大，相互认识，Felix与现在代理公司的老总是老朋友，老总已经60岁了，希望65岁退休能有人继承公司。所以Felix加入本公司，成为代理公司的合伙人。从出版社到代理公司，Felix虽然换了一边来工作，但作为文学代理人，Felix并未觉得工作变化很大，但是又有些不一样。

文学代理人需要对作家进行更加专业的判断，要有更好的了解，对作家的才华、工作持续性、市场营销的时机可塑性都需要把握。当然，核心问题是作家与代理人之间如何相互找到对方呢？一般来说，初步认识是通过朋友推荐或者作家自荐等方式开始的，有时候也会争抢知名作家。

2. 好的主意

光有好作家是不够的，还需要有好的主意。德国出版社有个规矩，作家是不能直接给出版社编辑打电话的，在该作家尚未与出版社合作之前，作家和编辑是不能以电话的形式交流的，有数据表明，大型出版社一年可以收到3 000份自由投稿。

代理公司的好处是作者可以直接与代理人电话联系，可以提供作家自己的介绍、作品的简要介绍和部分样稿给代理人，代理人一般会在1个月以内给予答复。

聪明的作家与代理人之间需要有很好的思想交流。比如有一位作家，他写历史小说，很畅销，后来他做了一个市场调研，把图书放到小说中提及的地方去销售，和书中的内容相匹配，获得很成功的销售，这也是很好的主意。

还有一些好主意是另外的一些渠道生成的。比如，Felix在8月份的时候，读到一个报道，说一位沙特阿拉伯妇女离开家乡逃到了德国。大家知道，现在德国接收很多难民是因为战争，同时还有一些是经济难民，他们的国家特别贫穷。但是这位妇女并不是这两种难民，她是信仰难民，在沙特阿拉伯她是无神论者，在本国受到迫害，所以她来到了德国。大家知道，目前德国甚至整个欧洲面临难民危机，全社会对这个问题的关注度极高，大家对于战争问题谈论得热火朝天；但现在大家发现，除了战争，还有信仰难民等其他原因的难民来到德国，这引发了更高的社会思考和关注。

Felix读到这个报道以后，觉得这是可以畅销的题材，于是找写这篇报道的记者，也找到了这位沙特阿拉伯妇女，但这位妇女不会写书，于是请这位记者当影子写手，写成了《Freedom》这本书，即将在法兰克福书展期间上市。

3. 正确有效的人脉网络

如《Freedom》这本书的主角，这位妇女，她怎么会信任Felix，愿意将自己的故事讲述给他并写成书呢？其中也有机缘。这些信仰难民来到德国，有专门的基金会保护他们，Felix认识这个基金会的负责人，通过这位负责人，Felix才获得了这位沙特妇女的信任，并且，跟这位妇女说好，从现在开始，不再接受别人的采访报道，也不再跟别人讲述她的经历，而是全部在这本书里来展示她的故事。

在任何行业，都需要好的人脉网络，特别是从事内容生产的书业，本来圈子就很小，相互认识的人很多，从完全不认识的人，通过认识的人由最短的路径达到最高的信任度，这在媒体行业之间非常重要。

讲一个有趣的故事：Felix的一个邻居是著名的访谈节目主持人，其访问嘉宾有时候是图书作者。Felix有一位作者已经上了《明镜周刊》的畅销书单，但还没有最终成功，Felix觉得需要一点助力推上去，于是就去找邻居聊一聊。Felix觉得，邻居之间聊一聊，比起出版社派出一位公关小姐以很职业的方式去洽谈，效果完全不一样，会有用得多。

又如：Felix想做德国足球明星“小猪”施魏因斯泰格的书，于是去找小猪的管理层会谈，但是他们非常冷淡，表示说足球运动员都特别有钱，做一本书，对他们经济吸引力不大。但Felix认为这些管理层一点都不懂，一本图书从策划到上市，需要2年的时间，而“小猪”目前已经处在巅峰期开始往下走了，那么2年的时间，正好可以在“小猪”处于低谷的时候再掀起一轮高潮。但是如果出版社现在去找“小猪”谈，他可能会拒绝，那现在该怎么办呢？Felix作为文学代理商，没有直接谈书稿，而是推荐了几位作家的作品给“小猪”看，看“小猪”喜欢什么样的写作风格，通过这样的接触，以特别小心翼翼而轻松的方式，一点儿都不给主角施压，慢慢谈成书稿的写作，这也凸显了文学代理人的价值。

德国有一位专门写体育明星的著名作家，如果让他写“小猪”将是非常好的事情，但是Felix并不认识这位作家，而是认识一位有名的体育记者，这位记者认识作家。通过这位记者的引荐，Felix再给作家打电话的时候，效果是完全不一样的，所以这也凸显了人脉网络的重要作用。

4. 沟通交流的本领

这一点与正确的有效的人脉关系紧密相关。作为文学代理人，处于出版社与作家之间的一个三角关系中，需要有特殊的很强的交流能力，需要做出版商没时间做或者不想做不愿做的事情。如，有时候需要给作家带去好消息，这本书有出版社愿意出版；有时候却要给作家带去坏消息，这本书被出版社拒绝了，甚至是一位知名的作家，但对于他的某本书出版社也可能不想做，如果由出版社直接回绝作家，太直接了，比较尴尬，而如果由代理人出面，可以跟作家有较长时间的沟通，比较委婉地说明情况，并且提一些未来的项目，这样作家比较好接受。

Felix将《Freedom》定点地推荐给一些出版社，刚发出去21分钟后，第一个报价就来了，这样的速度让人惊喜，代理公司合伙人觉得应该在*Facebook*上公布一下。当然不能公布书名和出版社及其报价，只是说“有一本书将在法兰克福书展期间上市，图书信息刚发出去21分钟就得到了报价，可见这是一个炙手可热的项目”。这位合伙人在*Facebook*里也是知名度很高的人物，一下子激起了很多的好奇心，大家跟帖讨论非常热烈。

Felix认为，作为文学代理人，最关键的就是与人沟通，即使往后1年内都不会有什么项目合作，也依然要经常和作者以及出版社的编辑进行沟通，一起讨论问题，一起晚餐，抽空一起出去喝一杯，书展期间碰个面，聊一聊……如果不持续地保持联系，就做不好代理人的工作。

Felix认为，作为文学代理人，还有一点也很重要，就是脸皮要厚。代理人更经常地面对被说“NO”的状况，不能随便放弃，要坚持不懈。

编辑也经常会遇到这种情况，自己觉得很好很喜欢的选题，但是全社选题讨论会的时候会被否定掉。而作为文学代理人，会更多地面对这种状况。代理人在最前线，与作家沟通更多，对作品更加了解，如果被拒绝就会非常难受。这时就得脸皮厚，要坚持一下，要不断地尝试推荐下去；接受对方反馈的时候，也要认真思考，要灵活，要舒缓地回复。

Felix所在的代理公司有个方针，就是不要代理太多作者，而是和现有作者保持长期的合作，希望代理了某位作家以后，就能长期合作下去。

2016年夏天，Felix收到了一本图书的大纲，是关于安格拉·多罗特娅·默克尔的自传。Felix做好了样稿以后寄给了15家出版社。也许Felix犯了一个错误，也许Felix不了解，现在可能很多人在写默克尔的传记，所以这15份材料寄出去以后，石沉大海，完全没有反馈消息。后来终于有一家出版商说愿意见一下作者，但是当时Felix不在场，编辑要和作者直接沟通。当时这家出版社其实“心怀鬼胎”，他们对于这本书并没有兴趣，但是对这位作者感兴趣。编辑和作者还是见面了，4个星期以后，Felix询问出版社进展，出版社表示并不想做这本书。Felix觉得最好三方再见一次，于是出版社、作者、Felix三方在2016年9月又约见了一次，见面会谈的时候，作者表示还是非常想出版这本关于默克尔的书，并且表示作者有对默克尔的独家采访，有一些信息是别人没有的……这时，出版社和Felix眼睛都发亮了，但是提出建议，因为市场上写默克尔的传记非常多，为什么不写一个默克尔访谈录呢？于是这个主意就生成了。正是这种锲而不舍的精神，终于使得一部作品成功了。

作为文学代理人，不要总觉得自己是对的，要有平衡的心态，要让作者和出版社都开心，总归，最终承担经济风险的是出版商，出版商需要投资来出版这本书，所以代理人不要过于坚持己见，要学会变通，如果这本书这样走不通，可是尝试换一个角度。

5. 强有力的联盟

作者和代理人的关系，应该是很铁的关系，不能轻易被砍断。也因为是很铁的关系，所以作者也要有勇气敢于听真话。有时候真话是很残忍的，很令人伤心，直接表达“这书不行”“这主意不好”。图书不但是文化产品，也是商品，所以作者和代理人也是商业上的合作伙伴，但是也经常发展为私人的友谊。有的作家特别固执，作为他的代理人，很难说服他，就不得不让出版商直接与作家面对，做出取舍判断。

6. 纪律

这个词特别有德国味儿，因为德国人特别守纪律，这对于图书行业也是适用的。在整个出版行业中，特别是购买书稿的阶段，无论是代理商也好，出版社的大牌编辑也好，都需要处理特别多的事务。纪律在整个过程中都很重要，出版商已经定好了出版计划、上市时间，而作家有时候会拖延稿件，代理商作为两者之间的联系人，得在其中周旋，得强调工作的纪律性。

代理商需要在其中做很多工作，如一方面催促作家交稿，一方面督促出版商向作者付钱、核对金额。在经济的诱惑下，更需要遵守纪律，如某本书稿特别抢手，正在进行竞价，关系特别好的朋友有时候会希望代理商把书稿给他，这时候一定要遵守纪律，岿然不为所动。

7. 信任

为什么必须遵守纪律呢？其实在这个行业里，最高的价值是信任；遵守纪律带来信任。信任表现在很多方面，如提供书稿必须透明，同时提供给每一家适合的出版社，不能单独提前给某一家社先看。

代理人不单单是代理作家的作品，同时也会了解作家的故事，了解作家的失恋、病痛、伤心事儿等各个方面，作家把这些隐私的话都说出来之后，代理商不能到处去说，得让作家觉得代理商是其灵魂的陪伴者和守护者，千万不能把作家出卖了。

有时候，Felix觉得自己的工作就像社区的牧师似的，大家把心事儿都讲给他听，有主编，有编辑，有出版商……有什么苦处，都会跟他说，而不是跟同事说，所以Felix常常比出版社主管更早知道他们出版社哪一位大编辑要跳槽之类……

Felix刚到出版社做文学主编的时候，特别希望自己做出和之前的主编不一样的作品，那时候，代理商就给了他极大的信任。

《希特勒又回来了》这本书，在全球卖了40多个版权，200多万册，是最成功的案例。当时Felix还是出版商，出版社在竞价中已经抢到了这本书的出版权，但是作者还没有答应，因为这本书的内容比较复杂和敏感，很多犹太人读到这本书的时候，可能会不舒服。于是作家给Felix打了电话，非常希望了解如果出版的话，会怎样来推广这本书。Felix当时是文学主编，也是特别善于跟人交流的人，终于说服了作家在他们社出版该书，目前该项目非常成功。对于有些内向的人，就不太适合做文学代理商，而Felix就特别充满激情，特别喜爱与人交流。

8. 竞价

抢手的图书，就会产生竞价。代理商一般在书展之前2个星期，就会与出版社沟通，告诉出版社有哪些大的图书项目，出版社也会给出一个快速反馈，这是第一次沟通。

到了书展前1周，进行第二次沟通，代理商把图书样稿分别寄送给相关的出版社。等到了书展上就可以具体洽谈。比如《freedom》这本书，成为了厮杀很激烈的图书项目。

一般我们去书展，都是先预约好了再去谈。Felix一般是书展前2周就先沟通，投放资料，然后根据反馈选择一二家出版社重点投递简要介绍。《freedom》这本书根据反馈，已经可以料想到一定有激烈的厮杀，于是，他主要选定一家出版社作为重点对象，了解对方的报价。

书展前，一定要把收到的反馈认真分析，然后根据需要，向不同的出版社提供不同程度的样稿，综合考虑会达到什么样的效果。所以，其实Felix早就在心里有清晰的方案，然后通过竞价的方式，来实现项目的出版。

Felix原来是出版商，对于出版商的工作很了解，他现在作为代理商，并不愿意给出版商太大的压力。然而，一部书稿，Felix会推荐给15到16家出版社，然后不得不利用书展这个平台来竞价，因为书展期间，各家出版社都会前来，形成了一个格外大的气场，一定要利用这个特殊的时刻来销售图书项目。

Felix曾是出版商，对出版社的运作模式、出版商的心情非常了解。他每次给出版社提供15页的试读样张，出版商很容易读完并做出判断，于是到了书展前一天，就必须进行报价了。Felix传递出去的样张，已经有3个报价了，出版商有时会询问你目前得到的最高报价是多少，Felix可以不说，但他心里了解出版商其实很想知道，所以他还是会告诉出版社答案，并且是真实的数据，不能虚高，否则代理商的梦就得破碎了。

Felix既做过出版商，又做代理商，所以特别能在双方之间沟通，并且协助出版商拒绝一些不合适的要求。有一本书很畅销，但是封面做得特别差，因为作者对于封面有发言权。后来该作者要出版第二本书，合同中依然说作者对图书封面有发言权，Felix就直接回绝了这个要求。

9. 合同

合同对于代理商是美好的事情，合同一签，意味着钱就来了。代理商不上出版合同，出版合同只是作者与出版社直接签。代理商跟作家之间签订一个代理合同，作家从出版社拿到的钱，代理商提取一部分作为佣金。

作为作家的代理商，与作家的代理合同是要明确时间年限的。同时，代理商是仅仅代理其德文版权，还是能代理其全球版权，这也是必须明确的一件事儿。代理商必须特别负责任地来帮助作家签出版合约，作家对于出版合约并不很懂，代理商有义务解释明白。如预付金，出版社是直接支付到代理商这里，代理商留下佣金，再转给作者。有很多这样的事务性工作要做。

再一次强调，代理商与作者的合作方式是长期的，作者往往对合同完全不懂，所以必须选择很信任的代理商来代理其作品。代理商要在作者和出版商之间协调好平衡，对于酬劳要帮作者争取，但是也不能特别贪婪，维持好长期的合作关系。

二、成功故事

1. Rita Falk的《侦探小说》系列

本系列图书讲述的是德国巴伐利亚州一个小镇上的侦探故事，故事里的警察主人公总是带着一顶帽子，警察的原型就是作者的丈夫，她丈夫是一名真正的警察，并且当了20年警察，所以故事是很真实的。一开始作者和代理人联系的时候，代理人觉得故事不怎样，但这人挺有趣，于是就问她：“还有别的好主意吗？”

这个系列每年出版一本，而且每年配套拍一部新的电影。稍有遗憾的是，电影版权在出版社手里，出版社又委托了另外一家代理公司去运作电影的版权。

这位女作家本身就是巴伐利亚州的人，在德国很受欢迎，很本土化，但是版权就不容易卖到中国，就像赵本山的版权不容易卖到德国一样。

2. 数字化出版的成功例子

无论在英美、德国还是中国，都有一些出版商不愿出版、代理商不愿理睬的“绝望的作家”，他们就开始做自出版了，自己把作品直接上传到亚马孙网上去销售。

有时候，作家自出版成功以后，变得很有名，出版社又特别眼红，该怎样去分一杯羹呢？

如：Poppy J Anderson这位女作家，是德国很有名的自出版人，她的作品在亚马孙网上已经销售了100多万册了。Felix在出版社工作的时，这位女作家已经写了2个系列的图书，像机器写手似的，每3~4个月就能写一本书，故事背景都是美国或者北英格兰之类。Felix跟她联系，希望她写一本新的书，既能保持她原有的粉丝，又能把美食的主题加进去。于是，一本新书诞生了，书名叫《爱的味道》，包括烹饪、美食、爱情和北方这些因素都加进去了。

后来，Felix离开出版社，做了代理商，这本书销量极度下滑，出版社想放弃这本书，Felix接手过来，成为了这位女作家的代理人。这里展示的并不是正式上市的出版物，而是提供给书商审阅的纸质版样本，作者在

YouTube上展示了这个样本，引起了读者的极大兴趣和关注，现在计划每3~5个月快速地一本本出版，推出系列。

这位女作家现在依然不做纸质版图书，而是继续自出版。我们看到的这个样本，寄给了2 000多个书商，德国书商差不多6 000家，这意味着本书向1/3的德国图书市场做了推广。

目前Felix已经和这位女作家签了2份代理合约，取得了非常大的成功。

问：在中国，代理制还不多，中国作家有时候很倔，比如德国要求作家先写大纲，再正式写作，可是中国作家还不习惯这样，有一次，我请一位作家先提供一份大纲，但是等了3个月，依然不愿意写，他希望直接开始写作。在德国也会有这种情况吗？

答：在德国，也有个别作家不愿意写大纲，而是喜欢直接写作。不过跟我们合作的作家都愿意先写大纲，其实写作大纲，也是可以学习和训练的。有的大纲也会写得很差，所以，同时还要审阅小说的开头的样稿。虽然中国还没有代理商的机制，但是英国、美国、德国的经验表明，出版商、作者、代理商这样一种三角关系的协作方式，效果是非常好的。

问：1. 作为代理商，如何协调优先权和高报价之间的问题？ 2. 有个亲身经历：曾收到一本书的报价，其报价高于同类书正常报价50%，于是压

了价格反馈回去，第二天收到的报价，依然非常高，请问Felix遇到这种情况该怎么办?

答：1. 这是一个技术性的问题，首先看你这个优先权是如何界定的，在欧洲，一般优先权有时间限制，是24小时，24小时之后，这个优先权就作废了。好的代理商一定要有道德，会很尊重优先权，不会在优先权之内，再去索取别的报价。2. 报价是重要因素，但并不是决定因素，还有其他很多因素。比如Rita Falk的《侦探小说》系列，因为故事发生在巴伐利亚州，所以更适合在慕尼黑找一家出版社出版。还有的时候，也需要考虑编辑的因素，也许某本书由某个编辑来做就特别好，有时候也要考虑整个的营销计划，最终决定在哪里出版。

问：Felix现在主要做图书代理，刚才提到，出版社把电影版权卖给其他代理商了。想了解，在德国有没有全媒体版权代理人?

答：当然有。你们也知道，电影版权的合同和图书合同完全不同，我正在计划，等接手这个代理公司以后，要正式引进一位电影版权的管理人，全面管理这部分工作。当然，作为代理公司，只有一个电影版权可以卖不行，必须有更多的产品，才值得引进专门人员来拓展业务。

问：如果代理商选择了一位新作者，这位新作者对于市场行情都不了解，你们对产品进行定价、向出版社报价时，会在作者本身价值和市场行情间如何平衡？在利益取舍方面，会更倾向于作者还是出版社？

答：好问题。对于新作者，代理人当然希望找到一个好的出版社来出版他的处女作。对于一位新作家，如果你对他还没有把握却充满信心的时候，静下心来，还是觉得应该支持作者，因为代理的是作者，而不是出版社。在跟出版社谈预付金、版权分成的时候，可能不会那么较真，会温和一些，但仍然会代理他的作品。

第九讲：
版权代理中的各项实操技能

主讲：Jutta Wieland女士

著名图书和电影版权双栖经理

记录整理：施铮

介绍主讲人

25年来一直领导着一家独立出版社的版权部。2011年这家独立出版社破产后被吕贝公司收购，之后Jutta一直在吕贝负责图书和电影版权，并与Felix共同完成了《希特勒回来了》一书的推广。

关于《希特勒回来了》

让我们设想，2011年的夏天，在柏林的市中心的某个地方，希特勒忽然苏醒了，还穿着1945年的制服，身上还有一股汽油味儿。他看着周围，觉得这既是柏林又不是柏林。他遇到了一个报刊亭的老板，发现报纸的日期已经是2011年，而他还停留在1945年。报刊亭的老板认为他一定是个化了妆的演员，而且是最有天才的演员，因为他演得实在太像了。报刊亭的老板很有商业头脑，他认识几个电视台的人，便把这个人介绍给了电视台。电视台的人一看，觉得这个人简直太妙了，于是希特勒于2011年夏天上了电视。但是德国媒体对二战、对希特勒和犹太人问题等还是很敏感的，希特勒仍然是真正的希特勒，但电视节目是一档搞笑节目，公众对此产生了质疑：这是一个搞笑的问题吗？尤其是节目上了社交媒体后，得到了很多年轻人的点赞，由此扩大了其政治影响……书的结束语是：那个时候也不是一切都很糟糕。这本书是用第一人称写的，希特勒70年前就死了，生前写过两本书，其中一本就是著名的《我的奋斗》。作者的写法是站在希特勒的角度，用他的方式观察现在的世界，诠释现代社会。这本书最奇特的是有很多搞笑的地方，因为希特勒是从70年前的角度看今天的世界的。但是当我们一起笑的时候，发现自己的观点和希特勒有很多共同之处，接着就产生困惑：我怎么会和希特勒有同样的观点呢？

出版这本书会给出版社带来极大的风险，要么很成功，要么遭到全社会的唾骂。编辑Felix说服了所有的同事，投入全力销售这本书，自己则承担所有的风险。

作为一名版权经理，首先要有充分的材料准备，幸运的是“希特勒”一书得到了特别的对待，全部的销售都投入了大量的精力，包括定价为19.33欧元，代表希特勒于1933年上任；还请了著名的广播员来做成有声书，这为版权经理的工作创造了良机。另外一个成功因素是，希特勒是所有人都知道的人物。然而，难点是这本书是关于幽默的，幽默是一个在全世界文化背景下相当不同的东西，也是最难传递的东西。而且这本书中有很多语言游戏，很难翻译。因此样章的翻译需要能力很强的英语翻译，为此Jutta与翻译坐在一起，讨论包括人名在内的翻译细节，比如有的人名在德语中有特别的含义，但翻译成英文只是一个符号，因此需要仔细地讨论。她在卖这本书的版权时，这本书出版时间是2012年的10月，即法兰克福书展前两周。她选择了核心市场的五个代理，商量策略。在欧洲，8月是休假季，在休假期之前，他们选择了西班牙、意大利、拉美、北欧、法国为核心地区，发出了图书信息、试读本，在休假之后得到反馈。在书上市之前，就收到了挪威、西班牙、意大利的报价。但是法兰克福书展上，德国媒体对此书没有任何报道，一片寂静。直到一家意大利报纸先发了一篇报道，德国的媒体才稍有松动。尽管这样，书展上仍然卖掉了五种语言的版权，包括英语的世界版权。书展杂志上登出了书的封面，并以“他又回来了”为标题，同时也象征着吕贝出版社又回来了。书展结束后一个星期就上了《明镜周刊》的畅销排行榜，然而到此时仍然没有任何德国媒体的声音。任何一本书只要上了畅销榜，对版权销售而言就像风从背后吹来一样，你只需要跟着走就行了，就这样一本又一本的版权就出去了，Jutta离开这家公司时，总共售出了41个国家的版权，其中包括比较困难的国家——以色列，因为这本书会让读者变成希特勒，与希特勒感同身受，但他们仍然找到了以色列一家比较勇敢的出版社，卖出了此书。在中国，浙江文艺出版社买下了此书的简体中文版权。

关于此书的电影版权销售

销售这本书的两个难题，一是德国的政治环境，二是其中有很多的幽默，版权销售困难。在销售电影版权时，也面临同样的问题。这本书的营销手段是将它想像成希特勒的第三本书，是《我的奋斗》的续集。书是用第一人称写的，但电影拍摄则不能用第一人称，电影历史上几乎没有第一人称的电影成功过。因此电影版权最关键的因素是既能表达出此书的风格，同时又能越过这个障碍。这本书有很大的变成电影的潜力，因为画面语言和文字语言相比，更能打动人心，调动人的情绪；与文字相比的弱势在于：文字语言有更广更深的力量，无所不能描述。如果一个作者写下这样的句子：他站在珠峰上，因为缺氧马上就要窒息而死。文字可能只需要几分钟就能写出来，而要表现这个画面电影制片人可能要花上几万欧元，因此销售给电影制片人与销售图书是完全不同的理念。在销售电影版权时，Jutta给制片人的理由是：世界上最成功的电影三分之二都来自优秀的文学作品。Jutta在销售电影版权时的策略是“无比自信”，相信这个电影一定能和书一样成功，同时先向对方提出要求，让对方就如何解决第一人称的问题给出两个方案。在销售前，Jutta在全德国范围内挑出了十位制片人，选择时考虑的因素还包括这些制片人与好莱坞关系如何，是否有着良好的国际人脉。当然最初也曾考虑过是否做完德国电影市场还要做国际电影市场，不过最终还是放弃了，因为出版社的主要目标仍然是培育这本书的销售，在电影版权销售上没有太多的经验。

在设计整个电影版权销售资料时，Jutta先和一些专业人士见面，准备了充分的信息，陈述了出版社的期待值，同时把作者放在特别重要的位置，同时作者对电影的表现方式也有最终的发言权，比如如何转换第一人称。当这本书上了畅销榜之后，在那十位制片人中，有五位给出了反馈，并提出了详细的方案。其中一家没有报价，但是把作者请去，进行了详细的交流。最后剩下两家激烈竞争的对手，作者选择了比较不太知名的一家，当然这家也报出了很高的价格，而失败的一方成为联合制片方。拍摄完成后，它成为德国最成功的电影之一，2015年上映时，德国有250万人观看了这部电影；DVD出版后，图书又做了新的版本，电影同时也卖出了十个语种的版权。

注意事项

要提醒大家的是，在销售电影版权时，一定要注意限制的范围。因为电影版权和图书完全不同，有很多的附属版权，制片人会同时买下电影、电视剧、连续剧等多项版权。还有一个细节是，要注意提供的是一次性使用权，即只能拍一个版本。另外，很多影视公司会买下版权，但只是放在那里，所以一定要注明拍电影的日期——具体到年、月、日。有时会因为资金等原因，延长拍摄时间，因此合同中应标明，这延长的时间不能由出版社和作者承担。有的制片人会说：目前还无法决定是拍成电影、电视，还是电视连续剧。遇到这样的问题，可以要求先支付基本的费用，在具体化后再往上增加，如电影增加多少，电视剧增加多少。合同中还要标出，要参与成功，如从票房收入中提取2%等。有的制片人会用很高的报价一次性买断所有权利，但对于《希特勒回来了》这样有潜力的书，不能这样做。另外，授权时间一定要标明。在德国，版权卖给电影的期限是15～20年；在这15～20年里，买方可以做成电影、DVD等，到期之后出版方可以再次销售电影版权，直至此书成为公版。因为本书是作者的处女作，出版社与作者都同心协力地为推广而努力，因此电影版权也被出版社同时买下了。在销售电影版权时要注意其附加权利，如配音权、字幕权、DVD权、蓝光权、广播“听电影权”等；电影书也是出版社的权利。大的集团公司在与作者签约时，要注意将这些权利归为首选，不要白白流失。特别强调的是：一定要将电影版图书掌握在自己手中，电影书会包括原书情节、剧本、剧照、片场工作照、演员签名等，会与原书形成竞争，因此不能让制片方自己去找出版商，让原出版方只能得到很少的分成；只有对演员、导演的采访等与原著无关的内容才能成为例外情况。

问：电影版权是一项非常复杂的权利，您为什么敢于从图书销售跨越到电影版权的销售？

答：这并不是我售出的第一个电影版权，第一次是在1991年完成的，当时是费舍尔戏剧分部的一本书。我不是一个律师，只是一个学语言学的，但我敢于问各种最蠢的问题，在对方的律师解释这些问题时，我学到很多法律条款，学到谈判技巧。我总结了三条黄金定律：1. 一定要做自己认为对的事，要卖你认为是好书的版权，对好书的热爱可以让你全身心投入，这一点超过谈判技巧的作用。2. 提傻问题，提蠢问题，不懂也许会显得很蠢，但迟早会在不懂的问题上吃亏，而且问过之后就懂了。3. 要保持特别开放的心态，接触优秀的人。在出版行业中，很多是通晓历史地理的学者，与他们的沟通中可以让你学到很多东西。

在谈判中有时你是弱者，但不能开始就是弱者，要从一定的高度开始谈。

问：请问出版社与作者在电影版权方面是如何分成的？

答：出版社谈电影版权的代理费是40%，而代理公司只收10%，但正如之前所说，成功的电影有三分之二都来自于优秀的书，出版商对书有大量的投入，承担了大量的风险，因此从出版方的角度而言，40%并不为过。

第十讲：
国际文学编辑与版权运作经验以及中国文学在美国翻译出版的困境和对策

主讲：Janette Sever
著名出版商
记录整理：王玉强

Janette Sever的丈夫Richard是美国出版界的传奇，他不仅做得好，而且介绍了一个全新的出版模式，将二战后的欧洲文学介绍到美国，向美国引入了“新小说”浪潮，还介绍了许多美国人不知道的作家，如塞缪尔·贝克特、萨特等二战中成长起来，后来非常有名的作家，为美国打开了欧洲文学的大门。

Richard还与合伙人花了十年的时间在美国打官司，为那些被下了禁令的书要回权益，争取取消禁令，最终在国会通过，禁书遭到解禁。

后来，Richard邀请Janette女士加入，成立了Arcade出版社，隶属于Little Brown。两年后，Arcade被Time收购，然后被Warners收购，最后是被阿歇特集团收购。虽然阿歇特的措辞很委婉，但他们还是觉得独立性受到侵害。他们幸运地发现，根据条款，他们可以回购出版社的资产。他们找到了投资人，回购了资产，让Arcade独立出来。

他们很关注新的尚未被美国知晓的作家和作品。在很短的时间里，他们拥有了来自34个国家的三百位作家，包括诺贝尔奖得主莫言，以及阿尔巴尼亚第一位布克奖得主伊斯梅尔·卡达莱。

Andrei Makine，一位前苏联作家，他父亲在苏俄时期被杀，母亲被关在监狱里，生下他就死了，他被一个苏联家庭收养，住在西伯利亚，他的祖母是法国人，从小教他法语和法语文学。他长大后就去了巴黎做记者。他和一个墓园看守人成了朋友，他住在墓园里的一个小屋子，在公共浴室洗澡，在公园的长凳上写作。成书之后，他到处寄送稿子，但没有出版社接受。他后来就想了办法，他说自己的稿子是个译作，这立刻得到了出版社的认可，但出版商要求看到俄文原稿，而他的俄文写作其实很糟，但他关了自己一个月倒翻出一个俄文版本。之后，他因为这部作品获得了从来不颁发给外国人的龚古尔奖，成为文坛巨星。

2009年Richard去世之后，出版社literature backlist被Skyhorse收购。Skyhorse对他们很重视，Janette继续Arcade这个品牌的出版工作，在全世界搜罗有趣的文学作品，买书编书。她出版了刘震云的书，第一本是《我不是潘金莲》。冯小刚把它拍了电影，在各地反响很好，在第64届西班牙圣塞巴斯蒂安电影节获最佳影片金贝壳奖。2017年会在美国上映。

将外国文学、外国的声音带到自己的国家，是很艰难的工作，翻译有时候很糟糕。即使翻译得很好，读者们又会不会对这些发生在索马里、北京、津巴布韦的故事感兴趣呢?

美国虽然是个移民国家，但他们对外国文学没什么兴趣。而法国人虽然非常高傲，对自己的语言文字很有信心，但是很奇特的是，法国人读很多美国文学、德语文学、中国文学。人们很好奇为什么会有这样的反差。

Arcade出版了莫言的八本书，法国的评论界给了很高的评价，可惜销量不是很高。Richard认为莫言是很好的作家，预言他一定会获得诺贝尔奖。他们夫妻在美国一直处在风口浪尖，要不断地向书商解释这本书为什么好。

作为独立出版社，和书商打交道就是他们的生死线，书商要自己读过，认为好，才会推荐给他们的顾客。

在美国，小的独立书店越来越少，生存空间受到挤压。连锁书店可以提供更好的服务。亚马逊对书店的冲击很大，很容易买到书，价格低廉，加上kindle这样的电子书。书店行业正在经历剧变。纽约现在只剩下5家小书店。

而Arcade这样的独立小出版商，风险越来越大。他们不够商业化，很难生存。一本书如果放在书架上三周销量不好的话就得下架，而以前他们还能降价出售。每年美国出版各类小说，非虚构类，回忆录等等。海量出版对读者来说，不知道怎么选择才好，书评起到的作用是有限的。只有3%是译作。虽然份额很小，但一直在缓慢上升，非常缓慢。美国在地理上是孤立的，在文化上也是孤岛。

现在人们的娱乐多种多样，阅读不再是唯一的消遣，作家和出版社的生存越来越难。我们可以简单地将现在定义为“前亚文化”阶段。

美国很少有编辑可以读外国文学，而在欧洲，几乎所有人都可以读英文书。因此，在美国出版一个译作要花很多功夫，要翻译，要找人来读，写报告，然后开会讨论要不要出版等等。而在欧洲，几乎人人都可以说英文。中国文学在美国的情况更糟糕，很少人学汉，只有精英学校会有教授。中国的语言文字在美国几乎是被无视的。

每年也很少有外国电影上映。这个鸡生蛋还是蛋生鸡的问题，可能无解。但Janette女士建议中国创立数字化文学交流平台（digital literature centre），来收集中国新作家及作品的信息、译者（美国的译者）名单，包括古典文学的简单介绍，书籍出版情况。这样的网站可以让外国人多多少少了解一点中国文学。在美国也是有人想知道想了解的，学校的孩子如果想学习一点相关内容，那么有这样一个网络平台就会很有帮助。

他们希望能让美国人了解中国的文学，他们很乐于了解中国作家的观点。在座的出版商们应该贡献力量，做成这样的平台，成为文化大使，让中国文学广为人知。

印度的很多作家在国外求学，展示自己，让世界文学多了不同的风味。但只有土生土长的异国作家才能有这样的作用。

问：Seaver夫妇是如何得到莫言和刘震云的书稿的？

答：莫言的第一本书是维京出版社曾在美国出版过，到期以后并未续约。第二本是代理寄过来的。译者推荐也是一种途径。中国的作者在世界上还不是很知名。

问：如果是莫言这种诺贝尔奖获得者，营销成本大大降低，那么对那些尚未成名的作家，营销怎么办？

答：电台节目是个不错的选择。因为美国的电视台虽然有访谈节目，但不会让一个外国作家上去。电台就要宽松一些，而且电台有固定的听众群。但是好的译者很难找到。要做这样的节目，译者非常重要。

问：作为出版商，是不是要和媒体有紧密的联系？

答：每年他们会和《纽约时报》《纽约客》这样的媒体定期见面，将编辑带去和记者交流。渐渐地，出版商会了解记者的兴趣点。他们和一些杂志也有稳定而友好的关系网，定期给杂志寄送作者介绍、作品选读什么的。

问：德国著名文学杂志*Litprom*是由政府资助的机构，Arcade有没有考虑过和政府机构合作？

答：这在美国很难。

他们提到了韩国女作家的《素食主义》。这本是*Litprom*推荐书目。这本书在美国的一家商业出版社出版。Janette女士认为这很可能是一位年轻编辑的眼光。这也是很常见的事，有时候一个人就可以改变很多事。

另外就是获奖会改变很多。他们曾经出版过6本莫言的书，当时卖不出去，莫言一获得诺奖，书就供不应求。他们在书上贴了诺奖的字样。

多丽丝·莱辛的书也是这样。一开始只卖出了五千册，获了诺奖之后卖出了十万册。这在出版界已经是共识了——获奖的重要性和机会性。

现在是数字出版时代，我们要想让受众获取到信息，就要更多地采用电子化的平台。鼓励大家建立关于中国文学信息的平台，也许这就是解决这个问题的答案。这光靠一个人是很困难的，而在现在由大出版社如企鹅来做个中国作家的文集。但出版后，有没有读者来读呢，这也是个问题。他们需要想办法，比如办一本介绍中国、东亚或亚洲文学的杂志。

作为在美国的法国人，Janette有一种将法国文学/外国文学介绍给美国的使命感。她感觉自己取得了一点成功，改变了一点美国人。莫言的译者在翻译过程中认为莫言的文字还欠考究，便想了解有没有编辑和作者仔细沟通如何提高作品质量，中方则告知中国的编辑会为作者提供意见。Janette说编辑的工作很艰苦，持续几周修改结构。而现在美国出版业萎缩，经费被削减，而且营销成本增加，很多编辑就成了代理商，编辑作者手稿的工作就转到代理商手里。

作为编辑，Janette会对作家提供建议，但会把作家的意见放在第一位，除非是很重要的问题。但无论如何，她会尊重作家，因为这毕竟是作家的作品。

基本上，她和作家都会达成共识。当时有一位波兰作家写了本书*Painted Bird*，获得了巨大的成功，也有一些丑闻。最后这个作家承认她并没有写这本书。这个作家找到了Janette，手稿给她，她花了十天一行行改过给她。两周后，作家寄了份面目全非的新稿子给她。她作为法国人其实并没有什么耐心。这样来来回回五次。第五次的时候Janette认为不能这样下去了。他们就到了老板那里，波兰作家就发表了一通对自己写作风格的演讲。他们只好作罢。后来不出所料，这个作品获得了差评。

Janette在天马出版社是自己做决定出哪本书，她会把自己的想法和出版的理由告诉天马的老板，但也会如实告知这本书不会给出版社带来什么利润，但这本书会有其他的意义，天马的人也会尊重她的判断——独立决策权。

第十一讲：
做为文学编辑的工作以及与译者在编辑流程中的沟通

主讲：Sabine Baumann女士

德国著名独立文学出版社Schoeffling的编辑

记录整理：缪 莹

出版社介绍

1994年Clause Schoeffling在法兰克福成立了Schoeffling出版社。这家独立出版社历史长达40年，在德语学术与人文方面很有建树。Schoeffling夫人也从事出版行业多年，她在费舍尔出版社的时候主持出版了《安妮日记》。

这位夫人在日历出版方面也很有创意，曾经创作了一套文学日历，每张上面有一只猫，以及文学哲学方面的名言警句。

日历的出版发行成为Schoeffling的经济基础，目前有五个版本。2018年会有一套文学与酒的日历出版。这种日历在国际上的销量很好，已有荷兰语版和拉脱维亚语版。

有了这个经济基础，Schoeffling才得以出版优质的文学作品，如诗歌和小说。

出版社有10名员工，但麻雀虽小五脏俱全。和其他出版社一样，他们有编辑部、市场部、营销部、生产部、校对部、外宣部、版权部等。

出版社自己设计书的封面，但不生产书，版式设计和印刷都是由合作公司完成。

Schoeffling每年出25本文学书，20多年来共出版了450本文学书，其中300种还在市场上流通。出版社只做精装本和电子版，把平装本的版权卖给其他的出版商。

在作者方面，Schoeffling拥有德国当代作家、诗人、国际当代知名作家。德国当代作家有Juli Zeh，她在Schoeffling出版了11本书。国际知名作家有普利策获奖者Jennifer Egan，以及美国、东欧及世界各地的作家。中国籍加拿大华人女作家张翎也是Schoeffling的签约作家，在Schoeffling出版了《金山》一书。

另一方面，Schoeffling致力于经典重现。Schoeffling认为，过去有很多优秀的作品，但在当时的市场环境下没有得到推广，因此他们进行旧作重译，重新挖掘书的价值，为这些作品找到新的读者群，让人们认识到这些作品的价值。例如，Schoeffling重译了一本描写殖民时代的经典作品。为了将这些重译经典推向市场，他们设立了“法兰克福文化节”，每年春天举办为期两周的活动，每次只推出一本书，法兰克福周围的读者都可以参加这个活动。文化节上会围绕这本书举行朗诵会、放映电影或演出戏剧的形式。经由这些活动，Schoeffling让读者们重新经历了历史。

由于以上种种努力及其出版的文学作品，Schoeffling获得了法兰克福一个颁给个人和团体的文学奖。Schoeffling是第三位获得这个奖项的出版商。

Schoeffling在法兰克福书展和莱比锡书展上都获得了巨大的成功。莱比锡书展设有三个关于出版物的奖项，一个是虚构类作品奖，一个是翻译奖，一个是非虚构类作品奖。今年春天，Schoeffling获得了虚构类和翻译两个奖项。

获奖的虚构类作品是一本关于东德历史的小说。作者将童年的亲身经历和听到的故事，事无巨细地写了下来。

Sabine女士的工作内容

Sabine女士的工作是“选择一本书，获得版权，译为德文；或是发掘德语作家”。她和出版商紧密合作，共同发掘作品。她会读一个作品，提交报告，然后与出版商共同阅读其中的一些章节，讨论是否值得出版。她通常阅读英文、法文、俄文的作品，因为她学俄语出身。她也从事英文和俄文作品的翻译（英俄翻为德文）。所以她和翻译一起工作，都很愉快。

她同时也是一本翻译杂志的编辑，这本杂志一年出版两期，是一本翻译圈内的专业杂志，促进译者间的交流与互相借鉴，以及一些对文学感兴趣的人阅读。

作为编辑，Sabine女士的工作分为三个部分。首先，找到选题（好的作品）；其次，找到译者；最后，和译者或作者一起编辑手稿。在德国，与译者、作者一起工作是很私密的事情。编辑会知道作者的生存状态，如收入、奖金、是否需要经济赞助等等。作为编辑，Sabine女士会为作者安排一些读书会，挣一些钱。德国还有一些资助作者创作的奖金，可以给作者提供旅馆，在四周到一年的周期内让作者专心写作。作者也可以从其他基金会或组织获得资助，这样可以保持作者的独立。

这些奖金或奖项、资助对作家很重要，因此编辑需要帮助作家获得这些奖金或资助。同时，这对作家来说也是一种很高的荣誉。编辑需要确保作家的作品保持很高的质量，而且能够持续写作，而不是昙花一现——这对编辑也很重要。

作者当然可以通过图书销售拿到钱，但这并不是很容易。比如一个德国诗人的诗集能卖掉一千册就算很不错了。Schoeffling将平装本的版权卖给其他出版社的时候，会分给作者一部分。

如何找到作家

新作家的挖掘，主要基于推荐机制。由于作者和编辑私人关系很好，认识的作家、译者常常会推荐一些新作者。

出版商也和文学代理商合作。

此外，德国有很多文学杂志，年轻的新作家在杂志上发表短篇作品，出版商在此找到新的声音。

另一个有趣的方式是写作工作坊（workshop）。有一位年轻的柏林作家在这样的工作坊发表了作品。工作坊的导师向Sabine推荐了这个作家。现在Schoeffling已经出版了这个作家的4本小说，也获得了不少奖项。该作家最近出版了两本小说，一本讲述了一个家庭在金融危机中的生活，另一本讲的是智利的独裁者。

Sabine女士在纽约的时候，经由布鲁克林的一家独立书店的老板认识了一位美国女作家。这位女作家经常来这家书店，老板便与她相识，进而推荐给Sabine女士。这位女作家的小说讲述了20世纪20年代的一位电影院卖票女郎如何在自己很穷困的情况下帮助别人的故事。

Sabine女士去美国、东欧等世界各地发现作家，去参加伦敦书展也是工作的一部分。

如何处理手稿

各个国家拿到作者的手稿后的处理方式不一样。有的国家拿到手稿之后就直接下厂付印。在德国，编辑们会通读全书，和作者进行沟通，讨论要不要修改开头或是结尾、出场人物是否太多等问题。这不是一种审查制度，而是为文本负责的讨论态度。是否修改仍然由作者来决定。

在做编辑的同时，Sabine女士也会做校对工作，比如文本中拼写错误，对事实描述有错的地方。当然，小说和诗歌是一种文学想象的产物，不但和事实有关，也有比喻修辞、语言风格上的问题。她会和作者或译者商讨何种语言风格更适合这种作品。这是很艰苦的工作。

德国的版权法很严格，如果作者手稿里引用了他人的话，Sabine女士就要检查这些引用，以防侵权。

德国有一个很严格的名誉权方面的法律规定，如果一本书（哪怕是一本小说）里提到了一位尚健在的人，并对这个人有一些负面的评价，而且读者都能将小说里的人与现实中的人对号入座，这本书就必须要下架。曾经有一个人以这个理由起诉了一个作者，法庭要求作者将与此人相关的部分去掉。Sabine的个人意见是，言论的自由应该高于上述的这条法律规定。比如托马斯·曼，他写了很多他家里的事，也不都是好话。但现在世界不一样了，有脸书，有电子书，信息的传播太快了，这就有可能导致别人名誉受损，杀伤力也会更大。在这种情况下，作家可以对原型人物做一些改造，用化名等等假装的手法避开这个问题，这样他依旧可以保有发表个人意见的自由。

出书的节奏

德国出版商主要在春秋两季出书。在出书前，他们将目录发给书商、媒体、做推广活动的经理人。他们将试读本提前给媒体，这样在书出版时书评也会同步刊登。

春季出版后，出版商在春夏就集中推广这些新书。春秋两季的出版节奏很适合小型出版社，节奏容易控制，什么时候定稿，什么时候下厂，什么时候推出市场，步调都比较清晰。有些大出版社每月都会出新书，但这需要投入得很多，有可能需要提前确定好之后12个月的出版书目。而法国有一家出版社只在9月发新书。

如果纪念日——比如书的百年纪念日，作者的生日等等——是在四月，也会在四月出版，但这也归于春季出版。

宣传准备

在手稿做好了各种编辑工作之后，Sabine女士还要写一些宣传文案（封面上的，勒口上的等，目录上的）和营销资料（书的卖点亮点在哪里）等等。通常出版商一年举行两次营销会议，时间也在春秋两季。他们将独立销售代理请来参加会议（住酒店，在酒店开会吃饭），将营销重点、书的卖点等等都谈清楚。然后代理们奔赴德语区各地，向书店推荐，同时收集书店的反馈。各代理有不同的代理区域。

在美国也是如此。以美国一位女摄影师的作品为例。一个小型的独立出版商请了这样的销售代理来出版这位知名的女摄影师的作品。而大出版商会有自己的营销部门来做发行工作。

出版商每年为这样的销售会议努力准备，因为这至关重要。Schoeffling一般会请12名代理商，有电子书的代理商，有仓储式会员店的代理商。编辑会告知印数、书的卖点何在、某本书为什么会吸引媒体的报道、哪本书是否可能获奖。编辑事先会将试读本发过去，但代理商要读很多书，所以他们还是要在会议上把书的方方面面如销售要点都讲清楚，然

后由销售代理去和书商谈。有时候大型连锁书店不欢迎销售代理，而是自己决定上哪些书。

编辑还有一部分重要的工作是写书的序跋、书的介绍等。这些内容写在活页纸上。

问：中国会举行文化节这样的活动吗？

答：中国的书店，比如先锋书店，会举行这样的活动。近期先锋书店邀请了中国著名诗人海子来做活动。

答：中国的儿童文学作家会去学校为孩子举行读书活动。

问：中国编辑在处理手稿的时候是怎么样的？

答：和德国的编辑很相似。作者性格各有不同，打交道的难度也各有不同。有的人不欢迎编辑改稿子。

答：中国有位大作家陈寅恪，在出版《柳如是别传》的时候，不允许出版社改一个字，否则就不出版。

答：我们也会和作家商量系列里要出几册等等问题，和德国很相似。

问：在德国编辑的社会地位如何？

答：在德国，编辑是很受尊重但收入不算高的职业，女性占主体，而老板一般是男性，也许是性别差别导致了收入水平的问题。（从社会惯例来说，德国私营企业里女性的收入只有男性的80%。）

编辑是作者的私人朋友，也是作者的导师，作品的第一阅读者。以Juli Zeh为例，虽然她已经是经常上电视的国际知名作家，但她每次将手稿给编辑的时候都很紧张，担心大家会说这本书很糟糕。编辑就要帮助她，给予肯定。老作家也有这个问题，因为作品是作家内心世界的反映，也很担心外界的看法，所以编辑可以作为第一个阅读者来帮助他。

问：现在德国版权代理正在兴起。那么Sabine女士是更愿意和版权代理合作，还是和作者直接合作？

答：在国际文学领域，Schoeffling会找代理商，因为这些人熟知国际上的合约、版权合作等等细节，能够在版权引进和输出方面提供帮助；在德国国内，版权代理的确渐渐兴起，但Schoeffling一般不找代理，因为他们熟知当代作者和译者，了解文学比赛，有很多渠道可以接触到国内的作者，可以自己去阅读作家的文本，自己判断。

问：江苏文艺出版社每年都会出诗集，但大多诗集不赚钱。只有顾城这样的著名诗人可以卖出几十万册，其他诗人的诗集只能卖出几千册。因此想了解一下Schoeffling的诗集出版情况。Schoeffling只出德国诗人的诗集吗？

答：Schoeffling主要出版德国诗人的作品，他们也有诗集同时出三个语种的，德语、爱尔兰语、英文，但这比较少见。德国和中国情况不一样。中国人口基数很大，而德国只有八千万人口。诗歌阅读在德国现在不是那么受欢迎了，能销售达千册就算很成功了。但还是挺多人喜欢诗歌的，很多年轻的诗人做一些诗歌朗诵等活动，有自己的社区。虽然诗歌相关的活动不少，但图书的销量不高。Schoeffling出过一个今年已85岁的老诗人的选集（散文+诗集）。这位诗人为电台工作，做一些radio play，电台有声书、广播剧。这位诗人很有名，获得过很多奖项，诗集被翻译成很多门语言。他也是拼贴的艺术家。

问：独立销售代理不是出版商的雇员，他们可能会同时与好几个出版商合作。那么，是怎么保证这些独立销售代理能够为Schoeffling的书付出足够的努力呢？

答：Schoeffling有合作关系很稳定、长期的销售代理。他们要保证给代理的分成足够好，让他们有足够的收益；但他们要很小心一件事，就是防止代理把很多书给了一家书店，因为卖不出去的话，书店和代理会把书退给出版社，出版社会损失很严重。所以，代理商不适合一次卖很多书给一家书店，他们要做判断，哪些书店可以卖多少册多少品种，要有这个预判。

在德国，出版社越大，编辑的分工越细。在小出版社，编辑会做一切，比如Sabine女士上面提到的全流程工作。但Schoeffling不做印刷方面的事。

第十二讲：中国文学的德语翻译

主讲：白嘉琳Karin Betz

记录整理：谢山青

我是如何成为中国文学的翻译的

大家可能会有疑问，中文这么难，我是如何成为中国文学的翻译的，或者疑惑，世界上怎么会有人选择了难度如此之大的一项事业。

我很幸运，读大学的时候我父母没有要求我选择医学或是法学这样实用的专业，而是让我完全可以自己决定学什么。所以我决定选一个没什么用的专业，因为我对中国文化、中国文学、中国历史、现代中国非常有兴趣，所以选择了中文，想去中国学习。当时我想成为记者，去中国采访，从大学时就开始为媒体写稿。

我的大学教授来自台湾，他认为要学习现代中文，必须先学习传统的中国文化经典。所以在还不会说“你好”“谢谢”之前，我就首先学习了《论语》《道德经》和《诗经》。我的第一个中文翻译作品就是《诗经》中的诗歌。虽然可以比较通顺地阅读和写作中文，但我当时还不太会说中文，我们的中文口语课一周才一到两次，进度很慢。直到80年代来四川大学呆了两年，我才算真正学会了说中文。当时，我能引用《论语》《诗经》让中国人惊艳：“关关雎鸠，在河之洲。”但我基本不会中文日常会话。

从传统经典作品开始学习外语，一个很大的好处就是能真正深入这门语言的精髓，从此对这门语言和这门语言的发展过程产生更深的兴趣，能成为真正的语言学家，这对翻译工作也很重要。因为翻译时需要不断地去分析文本，分析文本的内容，分析文本为什么这么写，为什么这么翻，能学会用另一种语言来思考。我现在做当代中国文学的翻译时，就觉得当时学习的中文经典非常有帮助，因为当代作家也常常引用古代经典，莫言的小说中可能有一半内容都是这样。如果我不懂传统文学，如果我不懂《三国》或《水浒》，不懂成语，我就无法理解他的作品。

我后来去四川学习，认识了很多年轻诗人，他们很多人当时还不算出名，后来才成为著名的朦胧诗、后朦胧诗派的诗人，你们现在应该都知道翟永明、欧阳江河了。我上学时认识了他们，时常呆在一起，他们与我分享他们登在诗歌杂志上的作品，这些旧杂志我也带来了，还是油印的杂志呢，八十年代一篇的稿费只有五毛钱。我上学时就翻译了他们的作品，他们也很高兴能被翻译。

这么说来，我的中国文学翻译之路一开始并不是严肃地想当一个翻译，而是纯粹出于兴趣。回到德国后，我的硕士毕业论文就写了中国当代诗歌翻译，选了50首诗翻译，并按照诗歌的流派写了一些评论。但当时并没有想当专业翻译。毕业后我去日本工作了3年，负责国际交流联络的工作，学会了日语，那段时间基本没有了做中文翻译的心思。结束了日本的工作后，我回到德国，在一个工业公司工作，主要做德语、日语和中文的口译。但我发现，这种商业性、工业性的工作，这种生活，并不是我想要的，所以又回到大学攻读博士，研究中国和日本的现代化发展。

我的背景基本就是这样了。虽然比较复杂，但我觉得我们作为翻译，非常有必要充分了解各种文化背景，了解得越广，才有可能了解得更深，翻译时对作品中不同的情绪、不同的人物、不同的意义才能理解得更准确。

我后来在哥廷根和法兰克福大学教书，教授汉学和跨文化研究。机缘巧合，因为我曾经翻译过杨炼的诗歌，索尔坎普就邀请我翻译他的文集，他的文章很难，也没有人愿意翻译。我一开始也不想翻，但逐渐还是进入了这个行业。后来有一天索尔坎普邀请了我翻译莫言的《檀香刑》，我说我不擅长，就推荐了别人。但几个月后，出版社对别人不满意，还是请我翻译。我就硬着头皮开始看这本书，看着看着就觉得这本书非常有意思，有点难，但是很好看，书里的故事发生在1900年左右，是中国历史上很特别的一段时间。所以我就接下了这个工作，时间很紧，翻译时间只有半年，工作量很大，德语版700多页。我每天埋头翻译，朋友们都见不到我。这本书真的很难，当时还没有英文版可参考，很多中国人阅读这本书都有困难，因为书中充满了古典诗词和隐喻。这是我的第一部翻译作品，2009年出版。从此我发现我真的很喜欢翻译，就离开了大学的工作。当然还做了一些别的工作，因为翻译的酬劳不高，无法维持生活。我就是这样无意间成为了专业翻译。

我开始向出版社推荐莫言的作品，当时基本还没有译本。我自己先看，试译一部分，向出版社推荐继续引进。但他们还是不太感兴趣，因为莫言的书很难，很长。2015年，莫言突然获得了诺贝尔文学奖，在德国立刻出名了。颁奖的时间正好是在书展期间，我当时是唯一能对莫言有所评论的人，至少在德语文学圈里是唯一一人。所以德国的电视台、电台都来采访我，我感觉似乎获奖的是我自己一样，突然上电视出名了。

中国作家在德国的销售情况

但是有一个关键的问题，中国作家在德语国家的销售不是很好，这是为什么呢。每个人都问莫言是不是独立作家，他是不是为政府写作，他是谁。大家都希望他能发表一些关于中国的政治言论。有人说，莫言是作协的一员，那么就是为政府写作的，说他没有批判性没有反叛性。我觉得这是错误的观点，他的作品实际上有很强的批判性和讽刺性，不像50年代的中国作家，他的写作很真实很自由。但是德国媒体、德国出版圈还是有偏见，他们总是爱用政治倾向对中国作家分类。

德国的读者并不在乎这些，只要小说写得好，他们就喜欢，在德国是有一批莫言的粉丝的，但人数不算多。这些人对中国有兴趣，心态开放，能接受这种比较长的、魔幻现实主义的作品，喜欢莫言的人就是真的喜欢。但媒体还是偏好有异见的作家，而且是写作能力强的异见人士，而这种人其实非常少。

2009年，中国是法兰克福书展的主宾国，那一年翻译了很多中国图书，但书展之后热潮就过去了，中国作家的销量又掉下来了，读者还是不够多。比较好卖的中国作家有阎连科，他在德国比较受欢迎是因为他还是有一些政治观点的，写了一些批评政府的书，在中国不好出版，在德国还是卖得不错的。还有余华，卖得也比莫言好，《活着》被拍成了电影，电影前几年在德国火了一阵。但中国作家在德国销售最好的还是廖亦武，而且他愿意在德国举行读书活动，莫言就不太愿意。总之，还是因为政治因素。

我去年翻译的另一本书是麦家的《解密》，但是德语书名不是“解密”，因为这样听上去像一本侦探犯罪小说，我翻成了《荣先生的奇异天才》，这本在德国卖得也不好，虽然比其他中国图书好一点了。中西文化项目顾问、翻译王竞女士今年陪麦家在德国进行了读书活动，读者很热情，每次读书会都能卖50多本，读了这本书的人都很喜欢，但是媒体还是不买账，没有什么书评或宣传。媒体总是要问他是不是异见作家，他的政治立场是什么，听说他是作协的，就不感兴趣了。

我最近还翻译了白岩松的书《你幸福了吗》，我自己读了觉得很有意思，但是卖得一般。我还翻译了四川年轻作家颜歌的作品《我们家》，德

语书名翻为《父亲和他的女人们》，2017年春出版。原来的中文标题太普通了，一般的写家庭的书都叫这个名字，德国出版社选的新书名比较吸引人。我很喜欢这本书，比起莫言的书，这本翻译起来很容易，内容也很好读。

希望我的这些分享可以让大家大概了解中国图书在德语市场的情况。

德国出版社是如何选择中国作品来翻译出版的。

德国出版人基本不会中文，这是最大的问题，所以不太容易引进中国文学，很依赖代理商和翻译。他们也会观察，如果英文版畅销，才会去考虑出版德文的。但是他们对翻译推荐的书又不是很信任。我以前会主动向出版社推荐，现在只是坐等出版商买下版权后来找我翻译。我现在正在翻译刘慈欣《三体》的第二部，第一部已经出版了，译者不是我，只是出版社不是很满意，所以第二部就请我翻译了。德语版大概1000多页，需要大概一年时间。

图书翻译和编辑的过程和技巧

我很热爱翻译，但是翻译的时候我总在想这些中国作家写得这么难，真是要了我的命了。比起西班牙文和英文的翻译，翻译中文要花三倍的时间。翻译的过程中还要做很多编辑的工作，因为中文的写作习惯、阅读习惯跟德语不同。德语是很精确的语言，结构性很强，而中文的内涵非常丰富，有很多种解释，比如书中的成语，很难找到一个最准确对应的德语词汇，颇费思量。我的译本只能算是一种解释，首先去理解原作者的意思，再努力寻找德国读者能接受的说法，最后的呈现方式可能跟原文有所差别。比如说书中的笑话，可能德国读者完全不觉得好笑，我就需要自己想一个类似的笑话，达到同样的效果，但同时也要符合原作的风格和背景，这里面有翻译的二次创作。把一种文化传达给另一种文化的读者，就是这样的。另外，中文书中有很多引用，需要查询很多资料，核实典故、人名、史实。

更难的一点就是很多中国作家的写作方法类似“前现代化”的语言，有种童话、古代故事的感觉。尤其是人物的对话很不日常，文绉绉的，而现实中没人这么说话，比如说我需要想象“妓女会这么说话吗”，需要花很多精力去改写这些对话，变成读者可以接受的轻松自然的对话方式。

对于编辑来说，工作的难点就是他们不懂中文，无法将我的译文与原文对照编辑，不能帮我检查译本的准确程度，只能评判通畅程度，因此我作为翻译的责任就很重，每翻译一句话都要检查修改两三遍。有趣的是，当编辑觉得德文不通顺来找我讨论的时候，一般也都是我自己翻译时觉得有困难或者不太肯定的地方。所以，编辑虽然不懂中文，但只看德文，就能评判译文的质量。

20

第十三讲：介绍德国文学推广经验，以及对文学翻译家的管理和保护

主讲：Juergen Becker
柏林文学研究会LCB负责人兼德国翻译家协会主席
记录整理：刘频

柏林文学研究会于1963在西柏林成立，到现在有50年的历史。在德国，文学馆比较普遍存在于大城市之中，比如法兰克福、克隆、汉堡都有。文学馆的功能类似于国内的会馆，作家和翻译家都可以在会馆里聚会、辩论，会馆里提供住宿，让翻译家和作者可以在哪里工作、写作和交流。

文学馆和德国的文学研究院是特殊的现象，只有在德语国家存在，如奥地利、瑞士有，像欧洲的其他国家，或是美国是没有的。他们和作家和翻译家的联系是十分紧密的。虽然他们既不是出版商也不是书商，但是他们承担了作者和翻译者之间桥梁的作用，他们是作者和翻译者之间的纽带，会定期组织推广活动，举办朗诵会。随着这些活动越来越受欢迎，文学馆、研究会的力量也越来越壮大。

德国的文学研究院不光是学术和文学的存在，还是经济的热点，比如作家和翻译家除了从图书的销售中获得收入外，还可以从巡回的朗诵会中获得收入。比如昨天的一个获奖者，奖金大概是2-3万欧元，还有巡回的朗诵的收入。通常会有50场的朗诵会，每场500欧元。与此同时，译者除

了经济上的收入外，还可以以翻译家的身份，给杂志投稿。是一种身份和社会地位的象征。

文学研究院的另外一个使命就是与世界其他国家的文学圈子建立联系，把德国文学推向世界，这项工作已经进行了二十年。他们重要的合作伙伴是德国歌德学院，歌德学院由国家外交部管理，他们通力合作推广德国文化。十年前，Juergen和德国的一些作家，包括英格瑞·苏茨，他们一起到了中国的北京、上海，对中国留下了深刻的印象。德国的文学有战后作家的热潮，在国外耳熟能详的名字有：君特·格拉斯、韩莉希·博尔。我们都读过他们的作品《铁皮鼓》。现在他们主要任务是推广比较年轻的一些作家，如英格瑞·苏茨、雅诺等。

他们在中国的合作伙伴是上海世纪出版集团。他们做了大量把德文翻译成中文的工作。同时，在瑞士也有一个类似的机构，向全世界推广德文的文学翻译作品，支持世界各地的翻译家把德文翻译成当地的语言。他们在夏天会举办研讨会（workshop），邀请世界各地的翻译家到柏林聚会，有一周的时间给大家相互认识，参会的各国翻译家对德国文学也表现出了极大的热情。同时他们也会邀请德国的出版商来和作家及翻译家进行交流，最重要的是相互的认识和沟通。同样是翻译英格瑞·苏茨作品的作家，俄国翻译家和中国翻译家，他们以前是没有机会碰面的，通过举办的这个活动，他们就有机会共同交流。逐渐的就形成了德国文学圈的交际网络。通过这个网络，他们发掘了超过1 000人的文学作品的翻译家，在柏林文学院的网站上会看到他们翻译的作品目录，同时目录也会不断的更新。每年3月份在莱比锡书展上会组织这样的会议，每年会邀请30个翻译家来参加这个研讨会，旅程从柏林到莱比锡。

支持翻译者的工作是非常重要文化交流环节，想要把德国文化推广出去，翻译家是功不可没的；反过来看，如果翻译家很糟糕，那么损失也是不可弥补的，假想一下君特·格拉斯的《铁皮鼓》翻译得很糟糕的话，那么我们对德国的印象也会很糟糕，所以好的翻译家是非常重要的，我们要严肃认真地对待这份工作，因此他们非常重视文学研究会的各项工作。

接下来介绍德国翻译家协会

翻译家协会与柏林文学院的工作相辅相成，主要是资助把各国的文学翻译成德文的工作。协会建立于1997年，经过了很长时间的讨论成立了协会，经济来源是通过公众的资助。当时讨论的热点是，大家都承认德国的文学很重要，那为什么还要资助把外文翻译成德文的翻译家呢，是因为从外部的视角看德国。对于德国文化的发展也是重要的一个环节。这向德国打开了世界的窗口。德国翻译的鼻祖马丁·路德，把圣经翻译成了德文，奠定了德国文学的基础，也是德国文学的起点。还有两位有名的译者，一个歌德，一个席勒，他们本身是诗人，但也翻译了很多经典的著作，如莎士比亚就是他们翻译过来的，莎士比亚对德国的文学来说是很重要的，就像莎士比亚是德国的一样。

德国翻译协会的创立是德国文化的起点。现在可以看到翻译市场在德国的重要性，在2014年翻译的作品占10 800部，占德国文学作品的12.4%，其中有5 000部属于小说类，也就是每天出的翻译类图书是15–20种。

问：中国的情况是什么样的呢?

答：至少1/4是翻译过来的作品。

德国翻译作品中有20%属于小说类，80%是德国的文学作品，由此看出翻译的市场是非常大的。德国民进周刊的畅销书的书单中，有60%都是翻译作品，由此看出翻译作品是德国文化，也是德国经济的重要支柱。

目前翻译家协会的成员有1 000人左右，对翻译家来说组织很重要。首先协会要解决翻译家生活贫困的现状，在德国一般每翻译一页纸是20欧元，而在20年前就是现在这样的收入水平，现在物价又很高，因此生活还是比较拮据的。因此翻译家协会就是要为翻译家提供和出版社谈判的平台，为翻译家争取更多的权利；另一方面翻译家协会也提供资金和培训给翻译家们。目前在德国提供翻译学习的大学也并不是很多，如格姆斯汉大学提供的是口译，而不是文学翻译，慕尼黑大学提供文字翻译，但需要的学历很高，至少是硕士，翻译的学科还是比较小众的。所以翻译家协会的存在和工作就很重要。还有就是他们会给翻译家提供工作室，让大家可以在这里讨论、交流，首先很重要的一个议题就是什么样的翻译作品的质量才是好的、高的。

翻译家协会的重要项目就是给翻译家提供资金，每年有40万欧元，有100个奖项，通过评选，每100-120人中有40%可以获奖，比例颇高。举个例子，评委共有5个人，如果有一个翻译家说我的经济状况比较窘迫，手头一部作品需要翻译，大概需要5个月的时间，虽然评委很多人都不懂中文，但是这些资深的评委从德文作品中他们可以读出来翻译的好坏，从而决定是否给翻译家提供资金的支持。奖金一般由两个部分组成：一是翻译的工作；二是如果你想去旅行，或者拜见外地的书商，也可以申请奖金。三年前karin因为翻译廖亦武的书去了四川，她就获得了这个奖金。

翻译家协会还有一项重要的机制就是导师制，主要是资助年轻的翻译家，他们刚从事翻译工作的时候可能会遇到一些困难。奖金用于资助两方面，如师徒制，一方面是资助老师，一方面是徒弟。就是老师和徒弟都可以获得资助，这项工作在翻译家协会中是一项成功的尝试；还有一项是文学村的机制，在德国、瑞士、法国、瑞典都有这样的文学村，翻译家可以在村中工作，村中有自己的图书馆，并且环境优美、景色宜人。如瑞士的文学村靠近苏黎世，地方非常的美丽，出门见山，空气清新。

协会会经常举办一些讲座。有一个翻译艺术的学院，学院里除了举办讲座还有研讨会，如戏剧方面的，戏剧的翻译是十分特殊的，主要是口译，使用的是口语，非书面的语言，戏剧里有对话，有独白，是十分特殊的。因此明年也会开设戏剧方面的讲座。在德国的汉堡会举办戏剧节，会请世界上有名的戏剧制作团队来参加这个活动。比如布鲁塞尔就会带来他们的剧目。（谢山青补充：看戏剧的时候没有留给翻译的时间来翻译字幕，翻译字幕和翻译小说作品是不一样的，所以也是需要特殊的训练。）另外一种讲座的形式是为了增进翻译和编辑之间的沟通。编辑的工作也是很艰巨的，如一个刚工作的编辑如果一下子拿到200页的翻译作品，如何审稿对编辑来说是有难度的，因此需要有经验的人给予辅导。在这样的讲座里，编辑和翻译家可以进行沟通，翻译家能了解到编辑的流程，比如编辑有截稿的时间。如果翻译家不清楚这一点，会导致稿子延迟，造成工期延误。那么如果编辑和译者能良好地沟通，翻译家可以更好地理解编辑，彼此间更了解，就可以更好地把工作做好。

刚才讲到的一个资助项目是资助刚起步的翻译家，在此之中有一个以人名命名的项目叫尤康尼斯培训中心，一般有一周的时间，针对把不同外国语言翻译成德文的翻译家，哪怕是塞尔维亚语这样小众的语言。为什么要把翻译家聚集在一起呢？主要是大家通过相互交流后，对德语反而会更敏感。举个例子，正如成语“旁观者清”所描述的，如中文翻译成德文时，对某一个词会有固定的译法，这时候如果有一个把葡萄牙语翻译成德文的译者，他就会提出不同的翻译方式。通过这样的聚会讨论可以培养大家对德文的敏感度。举办聚会还有一方面的原因是，有的小语种翻译家不超过5人，但是5人聚在一起意义不大，将更多的翻译家聚在一起才有意义。从讨论中可以看到德语母语的局限性，比如中文是比较松散的结构，德文比较严谨，两者相比较，各有优劣。这样的交流对于语言的促进是无止境的。

翻译家协会有一个成功的运行机制，就是邀请德国通晓德文和中文的翻译家，和中国通晓中文和德文的翻译家，把他们组合在一起，他们语言互通，交流起来没有障碍。大家可以从自己的角度来审视翻译作品，如德国人可以看中国人翻译的卡夫卡是什么样子，中国人可以看你们有没有把中文作品翻译到位。互相学习，看有没有可以互为弥补的。目前他们有类似这样的小组30个。包括很小众的语言，如阿尔巴尼亚语、格鲁吉亚语。每一年他们都会收到新的申请，如乌克兰语也想组织这样的一个小组。译者还可以申请到翻译的所属国去交流，德国的翻译家可以去中国，中国的翻译家也可以来德国。

请大家提问。

问：1.德国的翻译家协会是公益性的组织，有没有和中国的类似组织合作过，开展培训交流活动？

2. 目前，翻译作品被抄袭的现象比较严重，请问德国是否有这样的问题？

答：1.到目前为止没有和中国的协会合作过。唯一合作的是德国的文化部门。有一小部分的资助来自中国的大学。

2.在德国没有发现过这样的现象。举个例子，德国有这样的倾向，不论经典文学还是古典文学会有不同心得翻译的作品版本，带有译者的个性，不会是大段的抄袭。比如《了不起的盖茨比》，进入公版后德国在一年之内涌现了6个不同的版本，这6个译本都是截然不同的。一旦发生这样的抄袭，那么译者的职业生涯也就结束了，所以大家是不会这样去做的。

问：中国有没有对翻译家的资助？

答：中国的出版社会给外国出版社钱，这笔资助的是给译者的。但karin说她从没有收到这样的钱。后来karin解释说也许是因为出版社已经付了翻译费包含在里头了。

答：其实是有两个部分，一部分是给译者的翻译费，一部分是给译者的资助，为了是中国作品走出去，政府给的资助。

答：中国对外国文学还是有资助的。大学里的外国语学院，比如文学院的教授研究外国文学，可以申请项目，会有一笔资金去支持他的工作。不仅是翻译一部外国文学作品，更多的是完成他的研究成果。

答：大学的教授主要是为了出研究成果，研究成果有资助。但是一般的翻译作品，是不算研究成果的，比如译林的书。但是中国还是没有专门的翻译协会来资助翻译作品。

问：现在谷歌软件在翻译上进展很大，以前是逐字翻译，现在可以翻译大段的段落。谷歌的新闻网站有30-40%的内容是电脑翻译的，现在新浪上的文章，有的版面甚至70%-80%的编译由电脑完成，他们对这种现象有没有关注？

答：这个是乌托邦的设想，对于文学翻译来讲是不可能的。文学要有个人的风格，文学是要有复杂的结构的，他很难想像你把一段段的卡夫卡贴到电脑里，一段段做出来。电脑翻译虽然有趣，但是对于文学翻译来说是上不了台面的。电脑是没有感情的。

问：对Juergen所做的工作，对研究院和协会对翻译家所做工作表示钦佩。

1. 每年40万的欧元资助基金从哪里来？

2. 有没有和之前的文学杂志Litprom出版社有交流、合作？

答：1.资金来自联邦拨款，主要来自文化部和外交部。还有就是私人基金会，很有名的是罗伯特博士基金会。

2. 关于对小众文化的资助有过讨论，但是还没有实施，比如非洲的语言，非洲文化要走向国际市场也很困难。这样的项目也还是在构思的过程之中。非洲的国家在过去一般是英法等国的殖民地。在德国没有这样的历史，因此对非洲的关注也没有像英法那么多。德国处在欧洲的中心地带，

会关心接受其他国家的文化；不像英国是孤岛，美国也是在大洋之中，是没有与太多的国家接壤，也就不怎么关注其他国家的文化。

资助翻译者，于国家而言也是有好处的，因为很多的时候，翻译的作品和原著的意思会有些许变化。而资助了译者，最起码可以保证德语的纯正性。

问：出版社有图书需要翻译，但是他们没有好的译者，那么他们会不会找你介绍好的翻译家？

答：两周前，刚好有个小的出版社找我，寻找波兰语翻译成德文的译者。是一个关于同性恋话题的作品。后来我推荐10个人左右的名单给出版社。这是免费服务的。

问：对于培训译者的活动，译者是自己报名申请吗？选择翻译家的标准是什么？

答：奖金给什么人一方面由评委来决定。一方面由活动的组织者来决定。获得的标准并不是根据译者的名气有多大，而是根据项目有多吸引人，还有就是根据发来申请信的文字的翻译质量。马上他们会在纽约成立一个英文和德文互译的工作室，这些译者获得的资助就是他们可以在纽约出访五六天的样子。还有就是要看申请的语种的人员有多少。比如在德国，把中文翻译成德文的译者不超过15个，如果只有5个这样的译者来申请的话，可能5个都会入选。

问：评委是怎样选出来的？

答：一共5个评委。评委3年一届，最多连任2届，6年必须要换届。选择评委也是尽量范围广泛，比如这届就有俄语的翻译家、罗马尼亚语的编辑、英语诗人，还有拉丁语方面的学术专家以及一个会冰岛语的作家。

GUTENBERG MUSEUM

孔子学院总部
Confucius Institute Headquarters

关于“国际版贸与文学研修班”的回顾与思考

凤凰传媒国际拓展部　刘沁秋

德国是全球出版实力最强和版贸规模最大的国家之一，一年一度的法兰克福书展更是国际出版界的重大盛会。德国也是中国最大的版权贸易伙伴。为了深入学习德国的出版和版贸经验，扩大与德国和世界各国的版贸和文化交流，凤凰传媒选派下属各出版社15位版权经理和文学编辑，赴法兰克福参加为期15天的“国际版贸与文学研修班”。本人有幸以凤凰传媒国际拓展部版权主管身份受命成为此次研修班的领队之一。通过此次研修考察，不仅对德国承办方德国书商与出版商协会严谨周详的研修活动安排印象深刻，也对德国出版业成熟的制度设计和优良的出版生态有了深入的了解和认识，获益良多。

股份公司领导高度重视此次研修项目。股份公司副总经理刘锋对各环节做好精心策划和准备。在研修班行前会上，刘锋强调了这次研修的意义，要求全体学员站在向世界讲好凤凰出版故事、讲好中国文化故事的高度，予以足够重视。他指出，此次研修是凤凰传媒版贸团队第一次以出国研修的形式去海外，特别是去德国培训。这是一个非常难得的机会，他对赴德培训班寄予厚望，希望学员能站在更高的角度来观察世界版贸与文学的发展方向，为集团在“走出去”方面献计献策，贡献出自己的力量。

刘锋还对学员提出要求：一是要理解诉求，拓展视野；二是要学习实操经验，推动相关德国出版社引进优秀的中国文学作品；三是学员们在课前要充分预习，在授课结束后能提出高质量的问题，提问质量的高低不仅关系到学习的质量，也关系到凤凰的文化形象。出访的成果主要体现在：1.上课的表现和态度，与外方的交流水平如何。2.笔记的认真程度。研修结束后每人要提交一篇论文。3.从长远来看，要考察工作能力，特别是处理具体业务的能力是否有提升。

一、科学严谨的研修活动安排

本人与德国研修班承办方就课程设计、参访内容、研修计划等，进行了反复的深入探讨，确保研修计划符合凤凰业务需求，以及研修内容和主讲人达到行业一流水准。最终确认，研修班课程设计分三个层面：一是在视野上，深入了解以德国为例的欧美文学生态圈，从德国出版行业协会的作用和法律保护、文学批评平台、文学奖评选规则、政府推广政策，到图书馆、文学馆、书店等硬件条件的组合，亲身体会文学从创作到出版到流传的全环节运作过程。二是在技能上，以培训课程和实操相结合，在编辑业务和版权买卖两个专业领域中，通过以德国为主的国际专家的授课演讲，面对面的解惑答疑，以及工作坊的反思流程、案例分析，最后生成实操总结，提升文学编辑与版权经理的业务水平。三是结合法兰克福书展，为学员提供实地洽谈版权的业务实战，将所学的知识应用到实际工作中去。最终，通过大量密集的交流，为研修班学员打开和建立在德国和国际出版界的宝贵人脉网络。

在德期间，研修课程共分为三个部分：

1. 课堂研习

13日至18日，学员们在德国书商及出版商协会接受集中培训。授课专家有行业协会负责人、出版社经营者、编辑、版权代理、独立文学评论人、非盈利性质文学推介机构负责人、法兰克福书展高级副总裁等，个个都是业内翘楚。

课堂研习以法兰克福书展高级副总裁Tobias Voss开场，他为学员们介绍了法兰克福书展的运营、发展和各项特色活动，最令人印象深刻的是一组数据：

2015年法兰克福书展的参加人数为27.5万人，而仅次于法兰克福书展的世界第二大国际图书版权交易会伦敦书展的参加人数约为3.5万人。2015年有7145家参展商参加法兰克福书展，来自104个国家。其中来自德国本土的参展商有2428家，来自其他国家的参展商为4717家。由此可见，法兰克福书展绝对不是一个德国本土的书展，而是真正意义上的国际书展。也正因为如此，法兰克福书展才被誉为“世界出版人的奥运会”。

在五天的集中授课期间，培训主办方为学员们请来了法兰克福书展高级副总裁Tobias Voss、Holger Volland先生、德语区儿童出版读物联盟（AVJ）总经理Margit Müller女士、法兰克福书展童书馆负责人Birgit Fricke女士、德国图书奖的主办方 Gunvor Schmidt 女士、德国著名书业杂志*Buchjournal*主编 Baier先生、德国知名独立文学批评家和2016年德国文学奖的七评委之一Christopher Schröeder先生、S. Fischer出版社总编、德国最著名的文学总编之一的 Hans-J ü rgenBalmes先生、德国著名国际文学杂志*Litprom*主编Anita Djafari女士、德国知名版权代理 Felix Rudloff先生、著名图书和电影版权双栖经理 Jutta Wieland女士、美国著名出版商Seaver女士、德国著名独立文学出版社Schoeffling的编辑Sabine Baumann女士、莫言作品德文版的翻译者Karin Betz女士、独立版权经理Kathrin Scheel女士、柏林文学研究会的负责人兼德国翻译家协会主席Juergen Becker先生等16位专家，他们都是位于行业顶端的人物，其授课内容令学员们大开眼界，获益良多。

书展负责人、德国图书奖主办方、出版商、杂志社主编、独立书评人、版权经理、德语译者……来自德国文化界各方面的声音，描述德国的文学环境和文学翻译，讲述版贸发展趋势和成功案例，揭秘德国图书奖的评选历程，深度解读法兰克福书展，为学员勾勒出了一幅全方位的德国版贸与文学生态图。

2. 调研德国文学出版及文化机构

赴德首日，研修班学员们参观了位于美因茨市的古腾堡印刷博物馆。学员们见到了第一批使用金属活字印刷的德文版《圣经》及大量珍贵历史遗存，了解了德国出版业的发展过程和文化渊源，体验了从活字制作到印刷成书的完整过程。学员们直观地了解了印刷术对于德国出版业乃至西方文明发展的重大影响，为理解当代德国出版业的市场、法规和文化提供了历史背景。

9日至12日，学员们分别拜访了德国最大的区域广播机构——德国西部电视广播集团媒体中心（WDR）、德国最大的传媒公司之一DuMont集团旗下唯一的图书出版社、德意志国家图书馆（法兰克福）、德国书商及出版商协会、在德国出版社中排名前五的费舍尔出版社（S.Fischer）、德国Hugendubel连锁书店等文学出版与文化机构。

其中，《法兰克福汇报》FAZ文艺副刊总编Andreas Platthaus先生的一番话给学员们留下了深刻印象："语言的最高形式就是文学。文学在德国享有极高的声誉，作家非常受人尊敬。德国的作家不重视讲故事，而是倾注全部心血去追求德语写作的高度、广度、深度，这也是对读者的挑战，这就是德国文学不同于英美文学的根本之处。"

而德意志国家图书馆则被认为是"德意志民族的记忆"，其馆藏从不清理，永久保存，对18岁以上的公民免费开放。

德国书商和出版商协会给学员们列举的数据则更令学员们感到震撼：德国是世界第二大图书市场，德国图书市场的质量和丰富性堪称业界楷模，其市场发展总体而言也非常平稳。德国至今仍实行出版社对图书自主定价制度，出版社一旦定价，所有销售渠道都必须尊重这个定价，不得随意打折；电子书的平均价格比纸质书仅便宜20%；纸质版图书的增值税只有7%，远低于一般商品的19%。以上三点，加上热爱阅读的德国读者，确保了德国图书市场的繁荣兴旺。

3. 参加法兰克福书展

10月19日，第68届法兰克福书展开幕，研修班全体学员参展，学员们既有久经沙场的版贸老手，也不乏初试啼声的年轻编辑，他们结合研修班所学内容，投入到紧张的版贸实践环节，与国际出版商进行了多场约谈。展会期间，工作团队分别与企鹅出版社、哈珀柯林斯出版集团、德国龙家出版社、法国伽利玛、美国巴诺旗下的斯特灵等出版社进行了业务洽谈。其中，《蜻蜓眼》《细米》《成龙：还没长大就老了》《美国的艺妓盟友》等书现场签订了输出意向。

书展期间，全体学员还参加了职教公司举办的《当心空隙：英国职业教育理论与实践》中英文版首发式活动，由孔子学院总部举办的"中国优秀图画书奖"暨"中国孩子的书香世界"展览，以及"中国文学新声音"等文化活动。随着书展落下帷幕，此次研修活动也宣告圆满完成。

二、深切感受德国出版业成熟的制度建设以及良好的出版业生态

研修归来，学员们深切感受到，此行最大的收获，首先是从多角度更深入地理解了出版这个概念。德国同行在选题策划、图书出版、市场营销的整个过程中很沉着，不浮躁，认真地去做好每一本书，确保每一本书都有文化积淀，有编辑思想，能够引导读者，而不是应付市场，迎合读者，他们的执着和坚持文化责任和文化担当的精神令人感动。德国同行的专业精神，非常值得我们学习和借鉴。

其次，德国的出版生态特别好，简直是出版人的天堂。出版商、行业协会、书商，形成一个整体，同进同退；德国的传统出版业能够抵御网络文化的冲击，在拥有行业的自信的同时也能保持警觉，这和法律政策、出版业的上中下游的密切合作以及民众的整体品位都密不可分，其合力带来的德国出版业景象令人印象深刻。当然，有利的国家法律规定、完备的行业制度、深厚的读者基础、统一的数据统计口径，都是他们能坚持自己的文化理想和文化品位的重要原因。

第三，德国的出版具有很强的包容性，书店除了畅销榜单，还有话题榜单，如"新德国人"、移民问题之类，体现了出版行业对社会普遍关注点的尊重。再比如有些奖项只颁给女性作家，关注小众文学的价值，使得各种文化的元素都能保留和生存下来。例如，德国文学杂志*Litprom*对亚、非、拉文学等边缘文学所作出的努力和坚持，包括没有任何商业目的的宣传和营销。对小众的、独立的尊重和支持，才能防止多数人的暴政。

第四，德国的媒体具有很强的独立性，他们不接受出版社的通稿，会聘用专属评论员，从自身对作品的理解来写书评。

第五，出版的跨界趋势。出版商应该越来越多地成为IP的策划者。很多优秀的、有潜质的IP都源自图书。首先要有行业自信，寻找到适合的IP之后，要持续经营，让它不断成长。

作为世界上重要的版权输出大国，德国出版界对版权贸易极其重视，对版权的保护和开展国际版权贸易形成了一套完备的体系和成功的做法。他们从选题策划开始就着眼于国际市场，对图书的设计通常采取一书多版的方法以适合

不同国家读者的需求。有些图书已经没有纸质版本，但是出版社依然继续经营这些图书的翻译版权和电子版权，并因此每年仍有较大收益。很多出版社对版权经营的重视甚至超过了纸质书。在赴德研修期间看到和听到的这些版权经营的理论与案例，给学员们留下了极其深刻的印象。

三、研修活动收获满满

此次培训的授课环节增进了对相关业务流程的熟悉与理解，实操经验可直接运用或嫁接到实际工作中，在总体上提升了凤凰版贸与文学编辑团队的业务能力和水平。而此次课程最宝贵的经验则是：对于真正对内容品质有需求的人来说，需要有能让他们惊喜的东西。迎合市场，低端重复，一窝蜂地去做没有什么文化积累和价值的东西，看起来在短期内能吸引眼球，其实是走进了另一个死胡同。

总体来说，此次研修活动取得了以下四个方面的收获：

1. 建立了重点社际合作关系

在研修期间，学员们与费舍尔出版社和Dumont出版社亲密交流互动，为日后凤凰传媒与这两家出版社的进一步合作打下了基础。费舍尔出版社也关注中国文学作品，译林社副社长谢山青、版权专员王玉强利用拜访及授课两次见面的机会，与该社文学总编辑Hans Jurgen Balmes数次详谈，为今后对德国输出中国文学作品埋下了伏笔。

2. 建立了中国版本图书进入海外馆藏的新渠道

德意志图书馆的规模令学员叹为观止，凤凰学员在与副馆长交流的过程中了解到，该馆有专项国家资金用于购买德语图书的海外译本。回国后凤凰传媒将派专人负责调查下属各出版社翻译出版的德语图书清单，并提供给德意志国家图书馆，供其甄选馆藏之需。

3. 建立了有实力的译者和专家资源

白嘉玲（Karin Betz）是德国著名的中国文学译者，曾将莫言作品等译介到德国，她还翻译过麦家的《解密》、白岩松的《你幸福了吗》、四川青年作家颜歌的作品《我们家》（德语书名翻为《父亲和他的女人们》）等，她对于中国文学作品有自己独到的见解，也很愿意为凤凰传媒提供咨询服务。

4. 建立起与德国重要媒体的联系

《法兰克福汇报》文艺副刊是德国唯一一份不属于任何财团的报纸，五个总编每人单独负责一个板块，彼此并不商量，因此，很有可能在《汇报》上看到，政治版和经济版对同一个问题的观点针锋相对。2015年，该刊以整版刊登了《青铜葵花》（德文版）的报道，而且给予了很中肯的评价，当时曹文轩尚未获得国际安徒生奖。当被问及此事时，《汇报》主编Andreas Platthaus回答："青少年文学也是汇报文学版很重要的一个部分。要影响德国未来的思想文化精英，引导这些孩子读到优秀的作品非常重要。"这与曹文轩先生曾经说过的："儿童文学家是未来民族性格的塑造者。"无疑有异曲同工之妙。未来能让凤凰传媒更多的文学作品介绍刊载于《法兰克福汇报》文学副刊，将成为全体学员的努力方向。

四、他山之石可以攻玉

出版要走出去，首先要让出版人走出去。凤凰学员通过赴德培训，得以零距离地考察德国版贸与文学编辑的先进做法与成功模式，同时也希望借此打开德国文学出版之门。学员们在考察和研习过程中交流深入，提问犀利，表现出了很高的专业素养，给德方的文化机构和有关专家留下了良好的印象。从德国归来后，学员们整理出了10万多字的笔记，并开始着手准备论文。通过此次考察、拜访与培训，通过对中德图书版权工作的对比和反思，通过与授课老师的交流，学员们深入地了解了国外的出版模式，提升了中国与外国出版人的对话能力，扩大了学员们的国际版贸朋友圈。

当前正是出版"走出去"的机遇期，中国是世界重要的版权输出市场，世界主要的出版集团均在北京设立了办事处。中国同样需要世界市场，要向让国外出版企业向中国出版敞开大门，单纯靠参加国际展会，匆匆的见面与实务的洽谈，一本一本书的签约，是跟不上当前中国"走出去"的节奏的。只有与外国出版社同行建立战略合作关系，才能形成产业规模。我们有理由相信，此次培训将为凤凰版贸团队在未来的腾飞，奠定坚实的基础。

DEUTSCHE
NATIONAL
BIBLIOTHEK
RESTAURANT

RESTAURANT

ITALIA
Dreams.
journeys.
knowledge.

NEVEN DUMONT

书中摄影图片由李明非、朱涛、孔融等提供，
在此表示感谢！